智能网联环境下
车辆运动行为理解方法

陈志军 / 著

西南交通大学出版社
成 都

图书在版编目（CIP）数据

智能网联环境下车辆运动行为理解方法 / 陈志军著
. 一成都：西南交通大学出版社，2020.12
ISBN 978-7-5643-7857-8

Ⅰ. ①智… Ⅱ. ①陈… Ⅲ. ①车辆运行－智能通信网
－研究 Ⅳ. ①U491.2-39

中国版本图书馆 CIP 数据核字（2020）第 245169 号

Zhineng Wanglian Huanjing xia Cheliang Yundong Xingwei Lijie Fangfa
智能网联环境下车辆运动行为理解方法

陈志军　著

责 任 编 辑	张少华
封 面 设 计	曹天擎
出 版 发 行	西南交通大学出版社
	（四川省成都市金牛区二环路北一段 111 号
	西南交通大学创新大厦 21 楼）
发行部电话	028-87600564　028-87600533
邮 政 编 码	610031
网　　　址	http://www.xnjdcbs.com
印　　　刷	成都蜀通印务有限责任公司
成 品 尺 寸	170 mm × 230 mm
印　　　张	9
字　　　数	117 千
版　　　次	2020 年 12 月第 1 版
印　　　次	2020 年 12 月第 1 次
书　　　号	ISBN 978-7-5643-7857-8
定　　　价	68.00 元

图书如有印装质量问题　本社负责退换
版权所有　盗版必究　举报电话：028-87600562

前言

随着计算机技术、通信技术和人工智能技术的快速发展,交通系统的智能化和网联化也得到了快速发展,而传统的车辆运动行为理解方法也越来越难以满足智能网联交通系统对车辆运动行为理解的需求。因此,迫切需要进一步探讨智能网联环境下车辆运动行为的理解方法,包括车辆运动信息采集方法、车辆运动信息表征方法和车辆运动行为分析方法,为交通系统的智能化提供理论支撑。

本书共5章,第1章为绪论,主要介绍智能网联环境历史沿革,概述了车辆运动行为理解方法发展历程,分析了智能网联交通系统国内外相关发展现状与未来趋势;第2章为智能网联环境下车辆运动信息采集方法,分别介绍了基于自车传感器的采集方法和基于路侧传感器的采集方法,以及信息采集中经常使用到的传感器;第3章为智能网联环境下车辆运动信息表征方法,主要介绍了车辆运动特征提取算法和车辆运动轨迹表征方法,分析了特征选择算法在车辆运动行为理解中的重要性,并分别对三种典型类型的特征选择方法展开了介绍;第4章为智能网联环境下车辆运动行为分析方法,主要介绍了车辆行为识别方法和车辆行为理解方法,并介绍了稀疏重构理论应用于车路行为识别与分析；第 5 章总结，对全书内容进行了回顾，梳理了本书每个章节的重点内容。

本书由武汉理工大学陈志军撰写，研究生陈德鹏、余锦秋、陈秋实、张晶明、苏紫鹏、胡军楠参与了书稿的整理工作。本书的出版得到了科技部重点研发计划车路协同环境下车辆群体智能控制理论与测试验证项目（2018YFB1600600），国家自然科学基金智能网联环境下考虑驾驶个性的车辆生态驾驶方法研究项目（52072288）、智能车个性化学习方法与行为决策模型研究项目（61703319）的资助，在此表示感谢。本书在编著过程中参阅了大量国内外相关文献，由于条件有限，未能与原作者一一取得联系，引用不当之处敬请谅解！另外，向这些参考文献的作者表示感谢。由于水平有限，兼时间和精力有限，书中的缺点和不妥之处在所难免，敬请广大同行、读者批评指正，将不胜感激。

陈志军

2020 年 12 月

目 录

第 1 章 绪 论 ………………………………………………001
1.1 智能网联环境的历史沿革 …………………………………001
1.2 车辆运动行为理解问题概述 ………………………………002
1.3 智能网联交通系统的内涵和发展 …………………………004
1.4 车辆运动行为理解研究现状 ………………………………025
1.5 全书编排 ……………………………………………………032

第 2 章 智能网联环境下车辆运动信息采集方法 ………033
2.1 基于自车传感器的车辆运动信息采集方法 ………………033
2.2 基于路侧传感器的车辆运动信息采集方法 ………………053
2.3 小 结 ………………………………………………………063

第 3 章 智能网联环境下车辆运动信息表征方法 ………064
3.1 车辆运动特征提取算法 ……………………………………064
3.2 车辆运动轨迹表征方法 ……………………………………085
3.3 小 结 ………………………………………………………091

第 4 章 智能网联环境下车辆运动行为分析方法 ………093

4.1 识别分类算法 …………………………………… 094

4.2 基于稀疏表示的车辆行为分析方法 …………… 101

4.3 小　结 …………………………………………… 124

第 5 章 总　结 …………………………………… 126

参考文献 ………………………………………………… 129

第 1 章 绪 论

1.1 智能网联环境的历史沿革

随着智能化技术、新一代感知技术、人工智能技术、通信技术、移动互联技术等的快速发展,"智能网联"这一概念应运而生。其中,"智能"指机器设备等的智能化,具有类似人的感知、分析、决策、控制、执行、记忆等能力;而"网联"指将相关的设备、人员、机构等互联起来形成的网络,设备、人员、机构可视为网络中的信息节点,网络与各节点之间可以进行信息交互。新技术、新理念和新模式的不断迭代,推动了智能网联在感知、存储、共享、交互以及综合服务等方面的全面升级[1],智能网联的内涵也在不断丰富和完善。而智能网联环境是指通过传感器、全球定位系统等各种装置与技术,实时采集各种需要的信息,通过各类网络接入,实现物与物、物与人的泛在连接,实现对物或人的智能化感知、识别和管理的大环境。现如今,智能网联环境已经渗透到了工业、农业、环境、交通、物流、安保等领域,有效地推动了这些领域的智能化发展,使得有限的资源得到了更加合理地使用分配,提高了行业效率及效益。

在智能网联的广泛应用领域中,交通领域与智能网联环境的结合最为紧密。随着汽车保有量的增加,交通拥堵越发严重,交通事故层出不穷,一系列交通问题的解决亟需应用一种新的交通模式。而智能网联为新模式的探索与开展提供了契机。例如,道路交通状况的实时监控保证了将信息及时传递给驾驶人，使其及时做出调整，有效缓解了交通压力；高速路口设置道路自动收费系统（ETC），免去进出口取卡、还卡的时间，大幅提升了车辆的通行效率。目前，智能交通系统尚在探索阶段，智能网联相关技术的发展，必然会促进智能交通系统的成熟，而交通拥堵、交通事故等问题也将得到更好的解决。

1.2 车辆运动行为理解问题概述

什么是车辆运动行为理解？为了解车辆运动行为理解，我们设想一下这样一个场景：人类 A 想要理解人类 B 的运动行为。首先，人类 A 需要通过肉眼观察人类 B 的速度、位置、加速度等，然后这些运动特征经过神经传入人类 A 的大脑，大脑针对人类 A 的不同需求来分析人类 B 的运动特征进而理解其运动行为。例如，人类 B 加速冲向一面墙壁，人类 A 可能得出结论——B 是想要翻越这面墙壁。车辆运动行为的理解与这个过程类似，但是相比与人脑，机器想要完成采集、分析和理解车辆运动行为困难重重，因为车辆运动过程包含着诸多信息，如加速度（纵向加速度和横向加速度）、车速、航向角度、位置（经度和纬度）等。

至此，我们对车辆运动行为理解有了一个宏观的概念，在此基础上我们也应该站在时代发展的前沿去看待车辆运动行为理解。当前，我国道路交通的发展遭遇了协同管理运行效率不高、主动安全防控能力欠佳、异构交通主体关系复杂等瓶颈，迫切需要提升交通系统的网联化、智能化和协同化水平。同时，智能交通是当今国际交通领域的前沿技术和必然发展趋势，是提高效率、优化能耗、降低排放的有效手段，可以从根本上改变传统道路交通的发展模式。然而，传统的车辆运动行为理解方法因为自身的样本量少、数据准确性差等特性，导致其越来越难以满足智能网联环境对车辆运动行为理解的需求。因此，车辆运动行为理解如何适应智能网联环境快速发展，已成为迫切需要解决的难题。本书也将站在这个角度向读者解释智能网联环境下车辆运动行为理解方法。

智能网联环境下，车辆运动行为理解流程分以下三步完成：第一步，车辆利用诸多先进的传感器对车辆自身的信息进行采集以及路侧传感器对道路信息进行采集；第二步，将采集到的信息进行特征过滤和提取形成结构化的特征信息；第三步，在第二步得到的特征信息的基础上利用特定的算法对车辆运动行为进行分析、理解。

关于信息采集方面主要分为自车信息采集和路侧信息采集，其中自车信息采集可以理解为车辆自身通过安装在车辆上的诸多先进传感器对车辆的车速、油门、加速度（纵向加速度和横向加速度）、位置（经度和纬度）、角速度等自身运动信息以及通过车载摄像头对车道线等运动相关信息进行采集。车辆运动信息采集设备主要包括：CAN 总线设备可以获取车辆车速、刹车、油门及转向灯等信息；GPS 可以为车辆提供精准的全球经纬度、海拔等坐标信息；加速度计可以采集车辆在行驶过程中的纵向加速度和横向加速度；惯性导航系统可以采集车辆的位置、速度、时间、航向角度、加速度值、角速度等；激光雷达设备能采集当前车辆运动过程中的实时场景信息；车载摄像头采集当前道路线和交通标志灯等信息。

路侧信息采集主要基于路侧的多种传感器对道路中的车辆数据、障碍物等信息进行采集。路侧信息采集设备主要包括：路侧高清摄像头具有获取信息丰富、直观、可靠等优点，常用来采集道路中的车辆数据；路侧激光雷达使用聚类 DBSCAN 方法对障碍物进行聚类分割，得到当前障碍物的三维包围盒及其坐标信息，再采用扩展卡尔曼滤波（Extended Karman Filter）方法对周围障碍物进行跟踪，获取实时的车辆运动信息；微波雷达具有很强的穿透雾、烟、灰尘的能力且可以全天候、全天时进行信息采集，常用于道路车辆目标分类、目标跟踪、车速检测。

在智能网联环境下，通过车辆多传感器融合和诸多先进的路侧传感器可采集车速、油门、加速度（纵向加速度和横向加速度）、位置（经度和纬度）、角速度等多项车辆运动特征。然而，并不是所有的车辆运动特征都对车辆运动行为理解有贡献，相反，有些车辆运动特征可能不仅没有贡献还会影响车辆运动行为理解的准确率。因此，在车辆运动行为分析之前，我们应该从大量运动特征中筛选出对当前分析任务有价值的特征信息，从而提升计算的效率和分析结果的准确性。

通过对智能网联环境下的车辆运动行为进行理解和分析，能促使智能网联环境下车辆决策更加智能、稳定。在通信、结合感知、人工智能以及系统集成技术的不断更新与升级的背景下，智能网联环境下车辆运动行为理解也为迅速发展的车辆自动驾驶、交通问题的解决方案提供了一种新的思路和实施途径。

1.3　智能网联交通系统的内涵和发展

1.3.1　智能网联交通系统的发展

智能网联交通系统是指将先进的信息技术、通信技术、传感技术、控制技术及计算机技术等有效集成并运用于整个交通运输管理体系，从而建立起的一种在大范围及全方位发挥作用的实时、准确及高效的综合运输和管理系统。智能网联交通系统作为智能交通系统的终极形式，是物联网技术在交通运输领域的重要应用。通过雷达、视频等先进的车、路感知设备对道路交通环境进行实时高精度感知，按照约定的通信协议和数据交互标准，实现车与车、车与路、车与人以及车与道路交通设施间的通信、信息交换以及控制指令执行，最终形成智能化交通管理控制、智能化动态信息服务以及网联车辆自动驾驶的一体化智能网络系统。广义上，智能网联交通系统涵盖了智能网联汽车系统与智能网联道路系统，即智能网联车、车联网、主动道路管理系统、自动公路系统等均包含于智能网联交通系统。智能网联交通系统的技术体系架构是一个集车辆自动化、网络互联化和系统集成化三维于一体的高新技术发展架构。其关键技术模块包括感知模块、融合预测模块、规划模块和控制模块等4个关键部分。智能网联交通系统提出从"普通的车、聪明的路",或者说是"聪明的系统"起步,逐步发展到"聪明的车、聪明的路"的高级阶段,其对提高道路交通效率、改善交通安全、节约能源等均具有积极意义。

建设与发展智能网联交通系统对我国具有重要的意义,主要体现在以下几点:首先智能网联交通系统不仅仅考虑单一的机动车自动化问题,更致力于提出交通优化方案,解决交通问题;其次,发展智能网联交通系统,能够大幅节约系统建设的时间和费用成本,可以让自动驾驶和智能公路系统更快的落地,预计可以提前5~15年让不同级别自动驾驶技术实现大规模产业化;再次,智能网联交通系统框架下的一套标准的新型道路系统和基础设施,能够让各类互联网公司及汽车公司生产的自动/半自动驾驶车辆无障碍的共同行驶,从而更快地推进自动驾驶技术的推广与应用;最后,发展智能网联交通系统,能够更有效地整合车企、IT企业管理下的自动驾驶资源,从系统全局出发为各类不同出行方式和技术层次的出行者提供更安全、更有效的自动驾驶出行服务。

通过对智能网联环境下车辆运动行为理解的分析,可以促进无人车决策向着更智能、更人性化的方向发展,增加智能车辆运行的稳定性,推动智能网联交通的发展。

1.3.2 智能网联汽车发展

近几年随着5G通信技术、无人驾驶技术的飞速发展,各国政府与企业(如百度Apollo、谷歌Waymo、Autox等)相继发力推进无人驾驶商业化落地。在无人驾驶商业化的过程中,物联网技术也在汽车生产制造中不断渗透，众多企业和科研人员继而将无人驾驶技术和物联网等技术相融合提出智能网联汽车这一全新概念。

智能网联汽车是指搭载先进的车载传感器、控制器、执行器等装置，融合现代通信与网络技术，实现车与X（人、车、路、云等）智能信息交互、共享，具备复杂环境感知、智能决策、协同控制等功能，可实现"安全、高效、舒适、节能"行驶，最终达到代替人来操作的新一代汽车。智能网联汽车包含的技术范畴很广，其中包含5G通信、多传感器融合、边缘计算、人工智能、计算机视觉、智能交通等。从上面的描述可知智能网联汽车是多产业融合发展的产物，需要构建跨领域、跨产业的协同体系。作为智能网联交通的核心部分，智能网联汽车的发展至关重要。

智能网联汽车包括智能化（或自动化）和网联化两个技术层面，其分级可对应按照相应两个层面划分。在汽车智能化的分级标准中，公认的自动驾驶分级标准由SAE（Society of Automotive Engineers，国际自动机工程师学会，原译为美国汽车工程师学会）制定。2020年3月9日，我国工业和信息化部公示《汽车驾驶自动化分级》报批稿，本书采用我国最新发布的汽车自动化分级标准。表1.1是驾驶自动化等级与划分要素的关系。

表1.1 驾驶自动化等级与划分要素的关系

等级	名称	车辆横向和纵向运动控制	目标事件探测和响应	动态驾驶任务接管	设计运行条件
0级	应急辅助	驾驶员	驾驶员及系统	驾驶员	有限制
1级	部分驾驶辅助	驾驶员及系统	驾驶员及系统	驾驶员	有限制
2级	组合驾驶辅助	系统	驾驶员及系统	驾驶员	有限制

续表

等级	名称	车辆横向和纵向运动控制	目标事件探测和响应	动态驾驶任务接管	设计运行条件
3级	有条件自动驾驶	系统	系统	动态驾驶任务接管用户（接管后成为驾驶员）	有限制
4级	高度自动驾驶	系统	系统	系统	有限制
5级	完全自动驾驶	系统	系统	系统	无限制

在网联化的分级标准中，按照网联通信的实体和通信内容的不同可划分为网联辅助信息交互、网联协同感知、网联协同决策与控制三个等级（见表1.2）。

表1.2 网联化等级

网联化等级	等级名称	等级定义	控制	典型信息	传输需求
1	网联辅助信息交互	基于车-路、车-后台通信，实现导航等辅助信息的获取以及车辆行驶与驾驶员操作等数据的上传	人	地图、交通流量、交通标志、油耗、里程等信息	实时性、可靠性要求较低
2	网联协同感知	基于车-车、车-路、车-人、车-后台通信，实时获取车辆周边交通环境信息，与车载传感器的感知信息相融合，作为自车决策与控制系统的输入	人与系统	周边车辆/行人/非机动车位置、信号灯位、道路预警等信息	实时性、可靠性要求较高

续表

网联化等级	等级名称	等级定义	控制	典型信息	传输需求
3	网联协同决策与控制	基于车-车、车-路、车-人、车-后台通信，实时并可靠地获取车辆周边交通环境信息及车辆决策信息，车-车、车-路等各交通参与者之间信息进行交互融合，形成车-车、车-路等各交通参与者之间的协同决策与控制	人与系统	车-车、车-路间的协同控制信息	实时性、可靠性要求最高

根据信息处理服务有限公司（Information Handling Serviles，HIS）预测，全球自动驾驶渗透率将快速提升，2016年L1/L2级功能渗透率约为5%，2020年L3级功能也逐渐开始量产，2020年渗透率将达5%；L4/L5级功能将在2025年左右实现量产，渗透率有望达5%；2040年，所有新车都将配备自动驾驶功能，其中L4/L5级自动驾驶渗透率将达50%。

智能网联汽车企业可以划分为两大阵营：互联网企业和整车厂商。互联网企业包括Waymo、滴滴出行、Uber、百度、AutoX等；整车厂商包括特斯拉、奥迪、奔驰、宝马等。下面简单介绍国内外几家知名无人驾驶汽车企业。

1. Waymo

Waymo刚开始是Google于2009年开启的一项自动驾驶汽车计划，后于2016年12月从Google独立出来成为Alphabet公司旗下的子公司。

2017年11月，Waymo宣布该公司开始在驾驶座上不配置安全驾驶员的情况下测试自动驾驶汽车。2018年7月，Waymo宣布其自动驾驶车队在公共道路上的路测里程已达800万英里（1287万千米）。2018年，Waymo宣布启动驾驶卡车试点项目并获得美国加利福尼亚州（以下简称加州）自动驾驶测试牌照。2020年，Waymo计划实现2万辆自动驾驶汽车投入运营。

2. Uber

Uber由特拉维斯·卡兰尼克和好友加勒特·坎普在2009年创立。Uber与沃尔沃合作，在美国匹兹堡推出自动驾驶出租车沃尔沃XC90 SUV，2016年9月已进行试运行。2018年5月11日，Uber首席执行官达拉-科斯罗萨西表示，Uber计划在美国圣地亚哥进行无人机送货项目测试，用户可以期待在5~30 min内完成送餐。2019年12月10日，Uber（BER.US）将收购无人驾驶模拟软件开发商Foresight。

3. 百　度

百度无人驾驶车项目于2013年起步，由百度研究院主导研发，其技术核心是"百度汽车大脑"，包括高精度地图、定位、感知、智能决策与控制4大模块。2015年12月，百度公司宣布，百度无人驾驶车国内首次实现城市、环路及高速道路混合路况下的全自动驾驶。2017年4月17日，百度宣布与博世正式签署基于高精地图的自动驾驶战略合作，开发更加精准实时的自动驾驶定位系统。在发布会现场，也展示了博世与百度的合作成果——高速公路辅助功能增强版演示车。2018年2月15日，百度Apollo无人车亮相央视春晚，在港珠澳大桥开跑，并在无人驾驶模式下完成"8"字交叉跑的高难度动作。2020年4月，百度无人车Robotaxi全面开放，长沙市民可以一键呼叫免费试乘。

4. 滴滴出行

2017年，滴滴在加州成立美国研究院，起初重点研发车辆信息安全，很快便建立起一支自动驾驶研发团队，由前 Waymo 工程师贾兆寅直接负责。2018年5月，滴滴出行获得加州的自动驾驶路测牌照，滴滴联合创始人兼 CTO 张博亲自挂帅自动驾驶研发。2019年，有报道称滴滴出行的自动驾驶团队人员规模已超过100人，在中美4个城市进行路测。目前，滴滴出行已设立无人驾驶实验室，针对未来交通的智能驾驶系统和基于人工智能的安全开展研究，并聘请 Waymo、Uber 多名工程师参与无人驾驶技术研发。作为全球规模最大的出行服务商之一，滴滴拥有的是超过5 000万的注册车主以及4亿多乘客，每天海量的出行数据使得滴滴出行与其他车企相比具有天然优势。

未来无人驾驶技术除了应用于汽车驾驶、出租车等个人应用领域外，还可应用于其他行业领域。其中，应用潜力最大可能就是物流行业，目前京东快递已经上线无人配送车。由于物流行业货运量大、货运范围广，因此需要的货车数量也特别多。无人驾驶技术的应用能够大大提高物流公司的配送效率，降低企业运营成本。此外，工程领域、安防领域、城市维护建设领域等，均存在较大应用市场潜力。特别是中国拥有巨大的汽车销量和消费者对智能化的需求，无人驾驶汽车市场空间巨大。未来的汽车已经不仅局限于一种交通工具，更多的是向新一代互联网终端发展，通过将无人驾驶技术和物联网等多项先进技术整合到智能网联交通，将从根本上改变传统汽车的控制方式，同时解决交通拥堵、交通安全、污染排放和能源消耗等诸多问题，积极推进智慧城市、数字中国和交通强国的建设。

1.3.3 智能交通测试场地发展

目前，世界各国都积极投入和支持无人驾驶技术，美、欧、日等发达国家和地区更是斥资建设无人驾驶测试场，推动无人驾驶汽车尽早上路，从而推动智能网联交通系统的完善。现阶段国内外各无人驾驶测试场的情况如下。

1. 美　国

美国无人驾驶示范区分为两大竞争阵营，东部的底特律 Motor City（位于密歇根州）和西部的硅谷 Silicon Valley（位于加利福尼亚州），分别有两个汽车测试示范区。

Mcity（美国密歇根大学）是世界上第一座为测试无人驾驶汽车、V2V/V2I 车联网技术而打造的无人驾驶试验区。Mcity 由密歇根大学交通改造研究中心（MTC）负责建立，位于密歇根州的安娜堡市，占地 32 英亩（12.9 万平方米），斥资 1 000 万美元（由密歇根大学和密歇根州交通部共同出资）。目前，Mcity 已与福特、通用、本田、日产、丰田、德尔福等 15 家车企及零部件供应商以注资方式展开合作。Mcity 模拟城市和郊区环境，但里面所有的设施和行人都是假的。这座虚拟城市建造了 40 栋大楼的正面外观、成直角的十字路口、交通圈、桥梁、隧道、砾石道路以及建筑护栏等大量障碍物，如图 1.1 所示。园区内设有城市路况、乡村路况、高速路况、环岛路况、横穿铁路路况等，光路面就分为柏油路、土路、砖路、输液覆盖路面等，几乎涵盖了所有美国能看到的路况。Mcity 允许研究人员模拟联网汽车和自动驾驶汽车可能面临的最严峻挑战环境，包括汽车在城市和郊区可能遇到的最小问题，如路牌被涂鸦污损、车道标记褪色等。各类技术以及自动驾驶汽车都可以在这里进行测试，通过后这些技术才能被应用到公共街区和高速公路上。

图 1.1 Mcity 测试区

2. 瑞典——Asta Zero 测试场

2014 年 8 月 21 日，瑞典 Asta Zero 安全技术综合试验场（见图 1.2）正式开放。

图 1.2 瑞典 Asta Zero 测试场

Asta Zero 测试场的首要任务是测试防止事故发生的主动安全系统，测试场拥有拥挤的城市道路、高速公路、多车道并行路况、环岛以及交叉路口，而这些都对研究车与车，以及车与其他交通参与者（行人、自行车、电动自行车、摩托车、突然出现的动物等移动障碍物）的相互影响至关重要。Asta Zero 试验场的另外一项重要功能是成为未来安全技术的研发平台。

3. 新加坡——维壹科技城

2014年8月，新加坡成立了自动驾驶汽车动议委员会，用于监管自动驾驶汽车的研究和测试。在维壹科技城（见图1.3）中进行自动驾驶试验，试验由新加坡的土地与交通部门主导，这也是首个允许在公共道路测试的试验区。而新加坡作为亚洲地区为数不多的参与汽车无人驾驶研究的国家，其与麻省理工学院联合成立的研究组织早已在研究无人驾驶的可能性。

图1.3 新加坡——维壹科技城

4. 日本——JARI测试场

日本独立的测试机构主要是JARI（日本汽车研究院）。2011年，JARI

在主测试场外单独另建智能汽车测试场,但这个不是严格意义上的测试场,其内部包含了汽车研究院的大部分主要场馆和建筑,如图 1.4 所示。日本由国土交通省、经济产业省、汽车产业协会、日本交通警察厅、总务省 V2X 小组联合成立的 SIP-adus（automated driving for universal services）推动日本无人驾驶车发展,计划投资 304 亿日元,打造一个标准的测试体系。其中 JARI 茨城县的智能车测试场为一部分,还有首都高速公路大约 300 km 的无人车测试线路区。

图 1.4　日本 JARI 测试场

国内关于智能车的产业化面临着技术、标准、法律法规等多方面的障碍,迫切需要测试示范区为其产业化提供孵化平台。

5. 大兴车联网专用车道

2017 年 8 月 18 日,全国首条车联网专用车道落户北京市大兴区亦庄,如图 1.5 所示。道路全长 12 km,在 7 个路口布有 20 余套设备,现正式对外提供服务。装有 V2X 通信设备的汽车上路测试时,将具有智能驾驶能力,可实现盲区提醒、紧急车辆接近、行人闯入、绿灯通过速度提示、优先级车辆让行等 10 多种预警和提醒，让驾驶变得更安全。

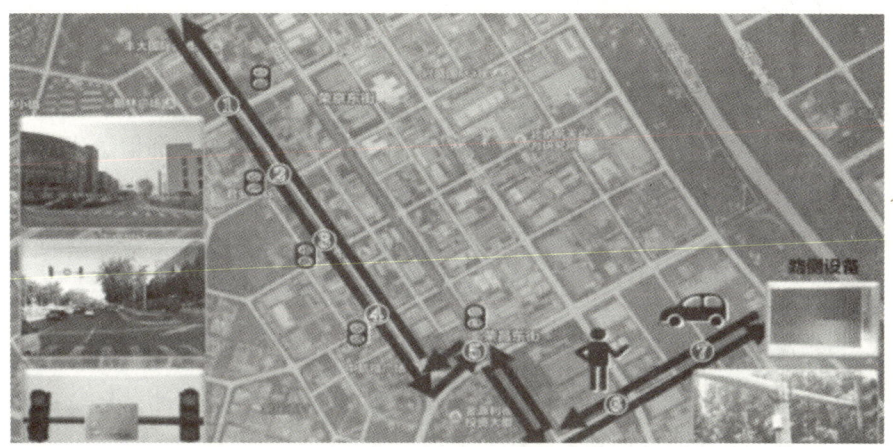

图 1.5　大兴亦庄车联网车道建设示意图

6. 海淀驾校测试场

2018 年 2 月，海淀驾校与北京智能车联产业创新中心合作，成为北京首个自动驾驶车辆封闭测试场。自动驾驶车辆正式上路前，将在该场地进行封闭测试。该场地面积约 170 亩（11.3 公顷），场地道路长度 4.8 km，包括测试训练场和能力评估专项场地两大区域。测试训练场分为城市测试区和乡村测试区，能力评估专项则包括车辆的曲线行驶、直角转弯、起伏路行驶、窄路掉头等。场地类型包括环岛、十字形交叉口、T 字形交叉口和含信号灯的行人通行路口等，而且路面特征多样，有坡道、林荫道和建筑物附近道路等。在标志、标线方面，测试场地上不仅设置了 113 块固定交通标志，还设置了包括最低限速、注意儿童、会车、让行等可移动标志。另外，场地还模拟了 3 处公交车站，随处可见充气的模拟机动车、模拟行人、模拟非机动车和施工区域模拟设施等。

海淀驾校测试场的设立，首次为开展自动驾驶研究的企业提供了封闭测试场所。下一步海淀区将结合测试场的设立推动在测试场周边即北清路沿线开放实测道路，为自动驾驶汽车从测试考核到上路实测提供全方位保障。

7. 长沙

2018年11月，湖南湘江新区智能系统测试区获工业和信息化部授牌成为"国家智能网联汽车（长沙）测试区"。2018年6月开园的湘江新区智能系统测试区，是目前国内测试里程最长、场景类型最复杂的封闭智能系统测试区，涵盖12 km测试道路、78个智能驾驶测试场景，可为物流重卡、乘用车、商用车等多种类型智能驾驶车辆提供一站式智能驾驶测试区测试服务，特别是其3.6 km双向高速公路模拟测试环境和无人机测试跑道在国内独树一帜。

2018年12月28日，全国首条开放道路智慧公交示范线在湖南湘江新区试运行，全长7.8 km，沿途停靠11个站点，已实现5G信号全覆盖。

8. 武汉

（1）雷诺自动驾驶示范区。

2016年底，由雷诺集团、东风雷诺汽车公司和武汉蔡甸生态发展集团三方联合打造的武汉雷诺自动驾驶示范区向公众开放。该示范区位于武汉蔡甸区的中法武汉生态示范城内，测试路段长2 km，是中国第一个开放性的自动驾驶示范区。自开放后，在此后的两年里，公众可以在此体验基于雷诺ZOE打造的自动驾驶原型车，率先感受汽车自动驾驶的神奇。

（2）武汉智能网联汽车示范区。

2016年11月，工业和信息化部与湖北省政府在武汉签订合作框架协议，批准武汉市成为国内首批、中部唯一智能网联汽车和智慧交通应用示范城市。根据协议，示范区选定武汉开发区智慧生态城·车都生态智谷为核心区域（见图1.6），拟通过5年时间，分3个阶段完成。逐步由试验场区封闭环境到城市交通开放环境,开展智能驾驶、智慧路网、绿色用车、便捷停车、交通状态智慧管理等多个应用示范。目前,该项目正在建设中。

图1.6 武汉CBD智能网联汽车示范路段

这些国内外的测试区对于区域内智能网联交通的研究与理解具有先行示范作用,通过对示范区内车辆运动行为理解的研究,逐步推广到开放式智能网联环境下的无人车识别分析,从而做出最优决策,推动无人驾驶落地应用。

与发达国家相比,中国在发展车辆自动驾驶、智能交通等方面还存在一定的差距,但智能网联交通系统所强调的车路一体化发展路线可以充分发挥中国的体制优势。我们相信,经过10~15年的发展,中国的智能网联交通系统一定能使中国的车辆自动驾驶、智能交通发展实现"弯道超车",最终像高速铁路一样的成为中国面向世界的名片。

1.3.4 车路协同的内涵及其发展

1. 车路协同的内涵

智能交通系统是缓解交通拥堵和保证交通安全的重要技术手段。随着人工智能、移动互联、大数据等新一代信息技术的迅速发展，以自动驾驶为主要特征的新一代智能交通系统将逐渐成为解决交通问题的突破口。以谷歌、特斯拉和百度为首的自动驾驶解决方案，基于各种感知信息，通过人工智能技术进行决策和车辆控制，在一定程度上单车即可实现自动驾驶。但随着单个车辆自动驾驶技术进步空间的饱和、技术提升遇到瓶颈以及交通环境复杂性的增加，自动驾驶越来越依靠智能道路设施的进步。智能道路基础设施和车路之间的交互与耦合将逐渐对智能网联汽车自动驾驶起辅助甚至主导作用。在此发展背景下，车路协同和车路一体化自动驾驶等相关创新技术的进步，能够加速自动驾驶商业化实现，并促进通信、互联网、汽车电子、路侧设施等领域的加快发展，推动IT、智能制造与交通、汽车产业走向深度融合。车路协同自动驾驶产业创新体系一旦形成，其产业链潜力巨大，将成为新一轮科技创新和产业竞争的制高点。

车路协同自动驾驶是汽车、电子、信息通信、道路交通运输等行业深度融合的新型产业形态。产业格局下的产业链、创新链和价值链，也将作为"交通强国""智能汽车"和"新基建"时代的产物，引领产业生态及商业模式的全面升级与重塑。因此，发展车路协同自动驾驶，有利于提升汽车网联化、智能化水平，实现自动驾驶，发展智能交通，促进信息消费，对我国推进新型基础设施建设，推动制造强国和网络强国建设，交通强国建设，实现高质量发展具有重要意义。

2. 车路协同发展现状

车路协同自动驾驶是一个由低至高的发展历程，主要包括以下几个发展阶段：阶段Ⅰ，即协同感知，车路协同感知，车车、车路等进行信息交互和共享实现车辆与道路的信息交互和共享；阶段Ⅱ，协同决策，在阶段Ⅰ基础上，又可实现协同完成感知、信息交互、数据融合、状态预测和行为决策；阶段Ⅲ，即协同控制，在阶段Ⅰ和Ⅱ基础上，协同完成感知、预测决策和协同控制功能；阶段Ⅳ，即车路一体化，在阶段Ⅰ、Ⅱ和Ⅲ基础上，车辆和道路实现全面协同，有能力协同完成自动驾驶所有关键功能，增强道路的智能化作用，实现与车辆全面的智能协同和配合。

目前，车路协同的发展主要依赖政府、高校和科研机构、汽车制造商、互联网企业和设备制造商，这几个部门的发展现状如下。

（1）政府。

欧洲研发了基于合作的智能安全道路 COOPERS、智能安全车路系统 SAFESPOT 以及基于合作的车路系统 CVIS。三个项目侧重点各不相同，COOPERS 主要侧重于车路通信及交通安全信息方面的研究。日本重点发展的两个主要车路协同项目为先进安全车辆 ASV 以及智能型公路系统 AHS。AHS 车路通信采 5.8 GHz DSRC，实现车路通信功能。近年来，美国已制定车路协同相关标准，主要包含用于车路环境无线通信的 IEEE1609 系列试验用标准，用于车路短程通信的 IEEE802.11P 标准，SAEJ2735 专用短程通信标准以及 5.9 GHz 专用短程通信标准。

2017 年，中国《"十三五"现代综合交通发展规划》，提出加快智慧交通建设，提升道路信息化水平。2018 年，工业和信息化部《车联网产业发展行动计划》提出，到 2020 年，实现 LTEV2X 在部分高速公路和城市主要道路的覆盖，开展 5G-V2X 示范应用，构建车路协同环境，实现"人-车-路-云"高度协同。2019 年 7 月，中国交通运输部为贯彻落实党中央、国务院关于推进数字经济发展的决策部署，促进先进信息技术与交通运输深度融合，印发了《数字交通发展规划纲要》。纲要要求推动交通基础设施规划、设计、建造等全要素、全周期数字化，加快北斗导航在自动驾驶、车路协同等领域应用，鼓励具备多维感知、高精度定位、智能网联功能的终端设备应用，鼓励推动自动驾驶与车路协同技术研发，开展专用测试场地建设。

（2）高校和科研机构。

目前，进行车路协同自动驾驶系统技术研发和应用的国内高校主要包括清华大学、东南大学、同济大学等高校。研发进展主要依托项目进行，侧重于理论研究。2011年9月7日，科技部印发了《关于863计划现代交通技术领域智能车路协同关键技术研究主题项目立项》的通知。项目课题由清华大学牵头，参加单位包括北京交通大学、北京航空航天大学、同济大学、长安汽车、国家ITS研究中心等十余所高校和单位企业。2014年2月，该课题在河北清华发展研究院通过了科技部验收。2018年，科技部审核批准，"综合交通运输与智能交通"重点专项"车路协同环境下车辆群体智能控制理论与测试验证"项目启动。项目由清华大学牵头，联合东南大学、同济大学、北京交通大学、长安大学等18家单位，针对车路协同环境下人车路异构交通主体构成的新型混合交通系统，重点解决复杂混合交通群体智能决策机理等基础科学问题，突破车辆群体智能协同控制理论方法和关键技术，为中国车路协同系统技术体系建立与应用发展提供科技支撑。

（3）汽车制造商。

一方面，汽车企业正在积极推进车路协同和智能网联发展战略。例如，上海通用汽车发布了"创领2020"战略，计划在2020年实现旗下产品100%互联；自2015年6月起，宝马所有在华销售的车型都实现了100%联网。汽车联网已经成为全球发展共识，根据IHS预测，2022年全球联网汽车的市场保有量将达3.5亿辆，市场占比达到24%。随着汽车联网技术的多样化和联网率的不断提升，车路协同服务市场潜力将逐步释放。同时，汽车企业正不断地将车路协同和智能网联技术融入新产品中，在一些车型中已经存在诸如LTE（Long-Term Evolution）和Wi-Fi之类的通信选项。通用汽车在其2017款凯迪拉克CTS轿车中引入专用短程通信（DSRC）技术，用于V2V通信。丰田将从2021年开始在雷克萨斯汽车中引入DSRC。2018年，奥迪、福特、沃尔沃以及一汽、长安、众泰等国内外知名车企一起参与了无锡车联网（LTE-V2X）示范应用项目。该项目是全球首个城市级车路协同平台，在开放道路进行测试研究，覆盖了226个路口和5条高架，实现了18个交通场景，验证了相关交通场景在道路上实现的可行性。

另一方面，传统汽车企业、零件企业与互联网科技公司之间的合作加深，通过强强联合实现技术突破成为主要趋势。目前，众多汽车企业正在积极推动V2X无线通信技术的研发、测试和示范。部分车企和配套厂商如丰田、本田、通用、电装等在积极推进基于IEEE802.11p的产品研发和试验验证，通用汽车在其2017款凯迪拉克CTS轿车安装了IEEE802.11p通信模块。同时，为了加快以蜂窝通信为基础的V2X技术产业化，全球通信产业和部分汽车企业联合成立了5GAA（5G Automotive Association），加强汽车与通信产业合作。2019年，奥迪、地图企业HERE以及交通信号企业Swarco测试了基于C-V2X的"交通信号相位助手技术"。测试在德国汉堡市进行，测试道路上有超过60个交通信号交叉口，测试结果表明，通过V2X获取信号信息，可以优化交通流，减少旅行时间并减少碳排放。

（4）互联网企业。

百度宣布将于2018年底正式开源Apollo车路协同方案，标志着百度Apollo开放平台进入车端和路侧整体开源的新阶段。百度已与大唐电信、千方科技、中国联通等产业链关键环节的代表性企业展开合作，全面整合汽车制造、交通基础设施设备制造和集成、通信、芯片、政府及高校等各界资源，共同发展车路协同系统。阿里巴巴与交通运输部公路科学研究院签署战略合作协议，成立车路协同联合实验室。其中，车路协同技术方案的核心技术之一是感知基站。阿里巴巴达摩院正在研发感知基站，并在其研发的无人车上采用了该技术方案。千方科技发布商用RSU的产品计划，同时将RSU协同其智能监控设备、ETC、电子车牌、雷达等各类智能路侧感知设备，构筑起智慧路网与主动服务体系。

（5）设备制造商。

目前，自动驾驶行业市场竞争加剧，企业合作发展成为主要趋势，具体表现为传统汽车制造商、零件制造商与互联网科技公司之间的合作加强。2018年7月10日，德国汽车制造商戴姆勒（Daimler）和电子公司博世（Bosch）宣布已经选择英伟达（Nvidia）的Drive Pegasus作为其人工智能（AI）计算平台，并且将在2019年下半年开始在加利福尼亚州测试自动驾驶汽车。西门子的业务部门Mentor分部Mentor Automotive推出自动驾驶平台DRS360。2019年1月，中国信通院发布的《车联网白皮书（2018年）》中提到V2X无线通信技术发展已进入快车道，但国际社会在V2X技术路径选择上仍存在竞争，美欧日技术试验、应用示范培育V2X技术较为成熟，并已经进行了大范围推广。同时，中国已具备大力发展C-V2X技术的基础条件，在C-V2X标准制定、产品研发、应用示范、测试验证等方面都取得了积极进展，为V2X产业化奠定了良好基础。2019年11月，AEye公司发布了全球首款用于自动驾驶汽车传感器的商用2D/3D感知系统。这是首次在传感器网络边缘得以实现基本感知，使自动驾驶汽车设计人员不仅可以使用传感器搜索和检测物体，还可以进行分类与追踪。这种实时信息收集能力可减少延迟、降低成本并确保功能安全，支持并增强了现有的集中式感知软件平台。

3. 存在的问题和解决途径

由于车路协同自动驾驶领域技术复杂，涉及多个行业领域，其中以车企和设备供应商为主的公司，在一定程度上依靠单车本身即可实现自动驾驶。随着单个车辆自动驾驶技术商业化落地难度的增加，自动驾驶越来越依靠智能道路基础设施，从而通过道路和车路之间的交互与耦合实现车路协同自动驾驶。我国政府、高校、部分互联网公司和供应商公司对车路协同技术和产业价值已达成共识，并认可车路协同自动驾驶能够加速自动驾驶商业化落地，逐渐成为推进自动驾驶发展的主要动力。由于自动驾驶相关投资金额巨大，研发测试时间长，少有企业能单独承受，未来多行业共同投资与合作研发和应用将成为主流趋势。但其车路协同自动驾驶系统解决方案还存在一系列待解决问题，主要如下：

（1）缺乏统一的顶层标准规范。

随着技术日益成熟，车路协同自动驾驶系统不仅仅是单一的智能车辆，而是车辆与基础设施等众多智能系统之间的连通并进行协同工作，但目前对车路协同自动驾驶标准体系没有明确详细的划分，无法同时将成熟的理论和技术进行落地推广，无法为构建全国车路协同与自动驾驶产业生态体系提供保障。

（2）缺乏统一的顶层方案设计。

目前，不同行业、同一行业不同公司和单位对车路协同自动驾驶技术研发和应用的理解不同，导致车路协同自动驾驶整体系统解决方案的设计、测试、示范和推广等方面的途径大不相同。并且车路协同自动驾驶领域技术复杂，涉及多个行业领域，各行业各自为政，无法集中力量重点攻关，难以推动车路协同自动驾驶相关技术形成新的产业体系。由于车路协同自动驾驶涉及路权等问题，缺乏顶层设计及相关法律、法规的规范以形成统一创新的政策框架，因此车路协同自动驾驶很难开展测试和示范应用。

（3）缺乏成熟的理论和技术支撑。

目前车路协同自动驾驶涉及多个专业理论和技术，但目前不同研发机构对于车路协同自动驾驶领域的应用理论和方法有很大差异，尚未突破涉及车路协同自动驾驶的技术理论体系，如车车/车路信息交互、协同感知、协同决策与协同控制、协同分配、协同系统仿真测试等技术，无法通过系统之间的信息传递、功能协同、协调配合，保障系统的高安全性和稳定性，实现大规模车辆及车辆群体安全协同通行。

针对以上问题提出如下解决途径。

（1）构建车路协同自动驾驶的标准规范及系统框架。

发挥标准规范的牵头作用，规范与标准要与技术齐头并进。研究制定车路协同自动驾驶的测试、评价、认证、准入、运行等标准规范，并推进车路协同自动驾驶世界通用标准的建立，构建跨行业的标准化体系和合作机制；综合考虑智能网联汽车以及不同行业的标准体系的异同性，实现标准体系兼容；区分不同阶段、层级定位和适用范围，避免技术限制和行业发展的局限性，对标准构成能够进行动态调整和更新。

（2）各相关行业领域的政策、产业、法律法规、保险等要素协同并进。

目前，中国现行法律法规对于传统汽车相关行业产品生命周期中的各个环节都做了详细的规范。随着智能汽车的发展，原有规范传统整车的法律法规内容出现了一定的不适应性。智能网联汽车的发展仍然面临一些问题和挑战，除了技术、基础设施等条件之外，法律法规、政策的不够完善，也是发展智能网联汽车的一大"堵点"。因此，近年来，中国在大力发展智能网联汽车的同时，还要逐步对智能网联相关行业领域内的政策、产业、法律法规、保险进行完善，最终形成研发、产业、应用协同并进的健康生态，建设具有全球影响力的智能网联先导区和产业发展高地。

（3）提升车路协同自动驾驶中智能道路的作用。

强调顶层设计和统一发展路线，增强道路基础设施的智能作用，协调发展智能网联车与智能道路系统，从而改善以车为主的自动驾驶商用化途径，形成车辆和道路一体化发展的落地途径。通过实施支持和补贴政策，突破路侧级图像识别、多源传感信息融合、决策与控制策略集成等关键技术研发瓶颈和工艺差距，弥补智能道路相关的技术短板。促进道路行业与其他相关行业的统筹协调和产业凝聚，进行路侧集成设备的自主设计和生产工艺开发，建立国产路侧系统集成产业基础，逐渐形成新的产业链融合体系。

（4）攻关车路协同自动驾驶的协同优化技术。

加强多学科、跨行业的协作，发挥产学研优势，重点攻关车路协同自动驾驶相关技术，加大对车路协同相关基础研发和试点项目的资金和政策支持。以算法为核心，以提升感知、预测、决策和控制的四大功能为重点，建立异构协同优化框架，形成车路协同自动驾驶的技术理论体系。重点突破涉及车车/车路信息交互、协同感知、协同预测、协同决策与协同控制、协同分配、协同系统仿真测试等技术，通过智能车辆与路侧控制设备的信息传递、功能协同、协调配合，实现大规模车辆及车辆群体安全协同通行。

（5）统筹布局车路协同自动驾驶系统平台的研发。

对车路协同自动驾驶的产业资源进行统筹规划，推动跨领域、跨行业的车路协同自动驾驶系统平台的建设。围绕车路协同自动驾驶的重大需求，鼓励开展图像识别、异构多源传感信息融合、智能路侧设施、系统集成、通信设施、云平台等关键技术和算法研发。由于实车试验存在成本、安全性以及系统可靠性等难题，搭建适用于测试车路协同自动驾驶的虚拟仿真平台，基于多样化动态环境模型、车辆动力学模型、多传感器信息融合模型、信息结构模型、决策控制模型，构建适用于不同车路协同自动驾驶等级的测试仿真平台。同时，搭建与实车平台双向交互平台模块，建立适用于虚拟平台与实车平台的评测体系与测试指标，以及虚实测试交互验证标准体系。加大操作系统、研发高计算能力的芯片以及中央处理器等关键商品和研发投入和力度，尽早实现产品商用。通过整合车路和道路优势构建系统平台，形成全局宏观层集成、交通走廊层集成、路段层集成、关键节点层集成的决策与优化架构，通过不断训练和学习对系统平台进行更新与升级。

1.4 车辆运动行为理解研究现状

1.4.1 基于生物信息的识别方法

基于生物信息的识别方法通过采集驾驶人在驾驶过程中的各项生理

信息，如脑电波、脉搏、血压和心电波等，利用多项生理信息对危险驾驶行为状态进行识别。有研究表明驾驶人处于正常驾驶状态和危险驾驶状态时生理反应有所差异。Lal 和 Craig[3]发现疲劳驾驶状态与脑电波变化呈现相关性，因此模型可利用脑电波变化识别疲劳程度。Schier[4]在模拟驾驶环境下发现驾驶人的注意力与脑电波变化呈现一定的联系，因此模型可通过分析脑电波的变化来识别驾驶人分神状态。王炳浩[5]等使用 kt98-2000A 动态脑电仪分析驾驶人疲劳和清醒状态下的脑电波，并以此识别驾驶人疲劳状态；付荣荣[6]等人使用肌电和心电信号分析驾驶人在驾驶过程中疲劳状态，并选取能够表征疲劳驾驶的特征参数识别疲劳驾驶状态。日本东京大学研究者发现驾驶人在疲劳状态下，汗液中乳酸、氨和酒精含量与正常驾驶状态下不同。还有一些研究人员发现，驾驶人疲劳状态下血液总糖皮质激素数量会增加，这指标都可用于驾驶人危险驾驶状态识别。

1.4.2　基于驾驶人操作信息的识别方法

基于驾驶人操作信息的识别方法，通过采集驾驶人在操作车辆时的具体动作，如踩踏刹车和油门的力度、转动方向盘的角度等，然后将其与驾驶信息进行关联分析，从而识别出车辆是否处于危险驾驶状态。一些研究人员发现，驾驶人在疲劳状态下操作方向盘的频率明显下降，可以根据此信息建立驾驶人疲劳驾驶状态识别方法。美国 Electronic Safety Product 公司利用驾驶人对方向盘的转动操作识别驾驶人疲劳驾驶状态，并开发了驾驶人疲劳检测装置 Steering Attention Monitor（SAM）。该装置安装在方向盘上，如果方向盘连续 4 s 内未被转动，则 SAM 将认定驾驶人处于疲劳状态，并对驾驶人进行预警。

1.4.3　基于机器视觉信息的识别方法

基于机器视觉信息的识别方法通过采集驾驶人的眼球运动、头部运动、嘴巴张闭状态和眼睛闭合程度等识别危险驾驶状态，然后利用这些常用指标综合分析识别出驾驶状态。Wicrwille[7]利用驾驶人在危险驾驶状态和正常驾驶状态时眼睛的闭合时间进行比较研究，建立了 Percent Eyelid Closure Over the Pupil Over Time（Perelos）指标识别驾驶人状态。美国国家航空航天局 NASA 也利用 Perelos 指标开发了驾驶人疲劳检测系统。The drowsy Driver Detection System（DDS）是利用摄像头检测驾驶人的眼球运动、眨眼时长和眨眼频率，进而识别驾驶人危险驾驶状态。Ebisawa[8]提出使用不同亮度的双光源以及奇偶差分方法实现瞳孔定位，通过瞳孔定位方法识别驾驶人危险驾驶状态。类似的，Grace[9]等人根据视网膜对不同波长的红外光具有不同的反射率，采用了 850 nm 和 950 nm 两种红外光进行试验，结果发现视网膜对于 850 nm 红外光的反射率为 90%，而对于 950 nm 红外光的反射率仅有 40%。根据这一特性，实现对瞳孔的定位，并根据瞳孔的位置识别驾驶人危险驾驶状态。虽然使用红外光具有较大的优势，但因红外光在白天自然光照的情况下不明显，导致使用红外光这类方法的错误率显著增加。因此，一些研究学者利用自然光照实现驾驶人瞳孔定位，进而完成驾驶人危险驾驶状态的识别。Betke[10]首先提出通过建立在线模板实现驾驶人面部定位，并实现危险驾驶状态识别。Kithil[11]利用驾驶人的点头频率识别驾驶人疲劳状态。打哈欠也是驾驶人在疲劳状态的一种表现，Fan[12]利用灰度投影对的驾驶人嘴角位置进行检测，然后使用嘴部 Gabor 纹理特征对哈欠进行分类，以识别危险驾驶状态。

1.4.4　基于车辆运动的识别方法

基于车辆运动的识别方法也是一种常用的危险驾驶状态识别方法。科学研究表明，人类在危险驾驶状态下车辆的运动常常会出现异常，如人类在疲劳状态下车辆会偏离正常车道，人类在分神的情况下反应速度会明显降低等。因此，基于车辆运动识别方法通过建立车速变化、横向偏离和加减速变化的车辆运动指标来识别危险驾驶状态[13-15]。美国Assist Ware Technology 公司开发了 SafeTRAC 系统，该系统利用前置摄像头对前方车道线进行检查，根据车辆偏离情况识别驾驶人危险驾驶状态。美国 Ellison Research Lab 开发了 DAS2000 路面警告系统，也是利用车道偏离情况识别驾驶人危险驾驶状态。通用公司的 LDW 系统和德国大众的 Side Assist 系统通过计算车辆横向偏离情况，识别驾驶人危险驾驶状态。还有 DSS 系统、AutoVue 系统以及 AWS 系统，均基于车辆的横向运动信息识别驾驶人危险驾驶状态。

1.4.5 基于机器学习的识别方法

美国在 1996—1999 年由国防高级研究项目署设立 Video Surveillance and Monitoring（VSAM）[16]项目。该项目的目标之一是基于路侧视频实时检测和分析车辆行为，以达到车辆识别和跟踪、车辆行为轨迹预测及违法驾驶行为的识别。卡内基梅隆大学的 Alan Lipton 博士在 1998 年基于 VSAM 项目的研究创建了 ObjectVideo 公司，这也开创了基于智能视频识别违法驾驶的新局面[17]。

美国 ISS 公司联合明尼苏达大学的交通工程系开发了 AutoScope 系统[18]，1989 年第一代 AutoScope 系统诞生，1992 年该系统可实现全天的车辆运动数据采集。AutoScope 系统在白天及夜晚正常环境下识别车辆的准确率为 96%左右，在雨、雪等恶劣环境下车辆识别精度能达到 93%左右。该系统利用视频检测算法获取道路交通中的交通流量、车速、车道占有率及车辆类型等信息，为违法驾驶识别提供数据。新加坡交通部在 1998 年建立的道路电子监控与信息系统 EMAS，通过道路监控视频进行车辆识别、事故检测及违法驾驶识别。比利时的 Traficon 公司建立于 1987 年，其第一套视频图像处理系统安装于隧道中，可实现车辆检测和违法驾驶分析。随后，该公司研发的视频监控系统主要有三个功能：一是路口车辆检测和管理，可以实现车辆计数和车辆行为分析功能；二是自动采集交通数据（如车速、车头时距、交通流量和车间距等）；三是交通事件自动检测，可对道路中违法驾驶的车辆识别（如突然停车、逆向行驶、低速行驶和抛杂物等）。

法国 Citilog 公司开发的视频检测系统可以对多种违法驾驶行为进行识别，包括车辆逆行、车内抛物和突然停车等。欧盟 EULTR（European Union Long Term Research）项目对比利时的 Katholieke 大学、法国国家计算机科学和控制研究院（The French National Institute for Research in Computer Science and Control，INRIA）等欧洲著名的大学和研究机构进行资助，开展违法驾驶识别的相关研究，并研制了一套视频监控系统为警察和司法机关鉴定违法驾驶提供数据。英国雷丁大学 VIEWS 项目组开展了基于视频监控的违法驾驶识别研究，该项目组在车辆识别中使用了比较原始的技术，他们将图像中长且矮的移动目标识别为车辆，进而获取车辆的运动信息，并在此基础上，研究违法驾驶识别方法。

王相海[19]等人提出使用隐马尔科夫（HMM）模型实时分析和识别违法驾驶行为，该方法利用车辆轨迹时序特征研究违法驾驶行为。首先采集车辆轨迹并对其进行拟合预处理和滤波，再利用车辆行驶轨迹方向角来表征车辆轨迹特征，然后使用 Baum-Welch 算法优化 HMM 参数，最后将新的车辆运动轨迹与相应的模型对比从而识别违法驾驶行为。东南大学的施毅[20]等人基于自增长型自组织特征映射神经网络模型（GSOM）识别违法驾驶。该方法首先提取并编码车辆运动轨迹，然后转换数据格式以适应神经网络训练，再利用改进的 GSOM 模型识别违法驾驶。

1.4.6　车辆运动行为理解面临的挑战与机遇

诸多科研机构、高校和企业都在持续关注车辆运动行为识别这一技术难题，在理论方法和实际应用方面也都取得了一系列成果，有效地提高了车辆行驶安全系数，降低了交通事故发生的概率，但是车辆危险行为识别仍有很多问题尚未解决。

在车辆危险行为识别方法上，现有研究主要存在以下问题：

（1）现有危险驾驶状态识别研究中基于生理信息、驾驶人操作信息和计算机视觉信息的研究方法不能被广泛使用。因为这些方法在实际运用中需要在驾驶人身上安装额外的传感器或者在车内加装传感器等额外设备。这些设备在使用时需要精准的调试或者校准，但是车内环境的复杂以及驾驶人可能频繁进行大幅度动作等诸多因素都可能影响识别结果。

（2）现有基于车辆运动信息的研究方法关于驾驶人疲劳和分神危险驾驶状态识别都是单独进行研究的，但在驾驶过程中，驾驶人不会仅出现一种危险驾驶状态，两种危险驾驶状态经常交替出现或同时存在。因此，现有的研究不能满足实际情况的需求。

（3）现有研究中基于安全指标识别违法驾驶的方法在实际应用中也存在诸多的问题。因为现实生活中，车速、车流量和道路状况等都会因交通环境的不同而发生改变，固定的安全指标阈值不能适应所有交通场景。并且使用安全指标识别违法驾驶的方法需要标定相机参数，以获取精确的车辆运动信息和道路信息，而一方面标定误差必然存在，另一方面不同环境需要重新标定，这就造成准确识别的难度大大增加。

（4）现有研究中，基于机器学习方法识别违法驾驶不能满足在小样本量情况下准确识别。因现有研究方法（支持向量机、决策树和马尔科夫等）是有监督学习模型，识别过程中需要大量的违法驾驶训练样本。在实际中，车辆危险行为需要人工逐个标定，是一件非常耗时耗力的工作，而且违法驾驶的个性化较强，违法驾驶引起的车辆运动特征极不规律，也并不是一直存在。这样造成收集大量的违法驾驶训练样本非常困难。因此，在实际应用中现有研究识别方法受到限制。

（5）现有研究中使用多种传感器采集大量的车辆运动特征，存在冗余性。对于车辆危险行为的识别，并不是所有车辆运动特征都有贡献，部分特征可能不仅没有贡献反而会影响车辆危险行为识别方法的准确率和计算速度。因此，在研究车辆危险行为识别方法时，需要进行车辆运动特征选取。而现在研究方法中，不是忽略这一过程，就是使用简单分析方法进行选取，并没有系统的对车辆运动特征选取方法研究。

同时，上述的诸多经典方法因为自身的不足和局限性已越来越难以满足现今交通环境对车辆运动行为理解的需求。当前，我国高度重视智能网联交通发展，智能网联交通成为关联众多重点领域协同创新、构建新型交通运输体系的重要平台，并在塑造产业生态、推动国家创新、提高交通安全、实现节能减排等方面具有重大战略意义，已经上升到国家战略高度，因此车辆运动行为理解方法与智能网联环境协同发展将成为未来交通领域的热点。

如今，车辆运动行为理解方法正在迎来重大的发展机遇包括如下几个方面：技术方面，智能网联交通系统、5G通信技术和人工智能技术等一系列高精尖技术的快速发展为智能网联环境下车辆运动行为理解方法的发展提供了有力的技术支撑。人才方面，近年来诸多知名高校相继开始建设人工智能与大数据学院，为产业智能化发展提供了大量的优秀人才。1999年，批准建立了国家智能交通系统（ITS）工程技术研究中心（ITSC），许多大学和研究机构也纷纷组建ITS研究中心，从事ITS的理论研究和产品研发，如东南大学ITS中心、武汉理工大学ITS研究中心、吉林大学ITS研究中心等。诸多的科研机构的设立也为车辆运动行为理解与智能网联环境的融合提供了大量科研人才基础。政策方面，2017年国务院印发《"十三五"现代综合交通运输体系发展规划》，明确提出发展新一代国家交通控制网、智慧公路建设试点，推动路网管理、车路协同和出行信息服务的智能化。2019年9月，中共中央、国务院印发《交通强国建设纲要》，提出构建安全、便捷、高效、绿色、经济的现代化综合交通体系，并指出要加强智能网联汽车（智能汽车、自动驾驶、车路协同）研发，形成自主可控完整的产业链。诸如此类的国家政策正在陆续实施，这些足以表明国家大力发展智能网联交通的决心和信心。结合这三个方面可以看出智能网联环境已经迎来巨大的发展机遇，将车辆运动行为理解和智能网联环境相结合也正在从构想转为现实。

1.5 全书编排

本书从智能网联环境的历史沿革入手，介绍了智能交通系统和车辆行为理解的现状与发展。通过对车辆运动行为方法进行分析理解，促进驾驶决策向着更加智能化和人性化的方向发展。相对于传统的交通系统，智能网联交通系统应用了人工智能、传感技术、网络技术、计算技术及自动控制技术等，是一个集车辆自动化、网络互联化和系统集成化三维于一体的高新技术发展架构，以自动驾驶为主要特点的新一代智能交通系统逐渐成为解决交通问题新的突破口。全书分为绪论、智能网联环境下车辆运动信息采集方法、智能网联环境下车辆运动信息表征方法、智能网联环境下车辆运动行为分析方法和总结5部分，逐步讲解了智能网联环境下车辆运动行为理解方法。通过阅读本书，读者可以对智能网联环境下的车辆运动行为理解方法产生清晰的认识。

第 2 章 智能网联环境下车辆运动信息采集方法

在智能网联环境下,由于智能网联交通系统的介入,使得车辆运动信息不再从传统的单辆车的视角获得,信息通过智能网联交通系统,在传感器技术、计算机通信技术、网络技术、智能控制技术等多种高新技术的协助下,车辆行驶道路上安装的路侧设备进行车辆运动信息采集,并实现通信和信息交互。本章主要讲述车辆的运动信息采集方法,主要分为基于自车传感器的车辆运动信息采集方法和基于路侧传感器的车辆运动信息采集方法。

2.1 基于自车传感器的车辆运动信息采集方法

车辆系统中有许多用于保障车辆正常运行的车用传感器,包括温度传感器、位置传感器、转速传感器、速度传感器等,对于车辆运动信息采集方法,本章除了介绍利用车辆计算机系统中自带的传感器,还会介绍安装于测试车辆上的常用传感器,这些传感器共同完成车辆运动信息采集任务。

2.1.1 控制器域网(Controller Area Network,CAN)

CAN 也被称作 CAN bus,是一种通用的、功能丰富的车用总线标准。由于现代汽车计算机系统配备了许多子系统,每个子系统具有多个电子控制单元，包括发动机控制器、变速器、防抱死制动系统、动力方向盘等，这些电子控制单元也被称作节点。CAN 具有信息导向传输协定的广播机制，用于多电子控制单元（ECU）的通信，在整个系统中 CAN 承担起总线通信的作用，如图 2.1 所示。

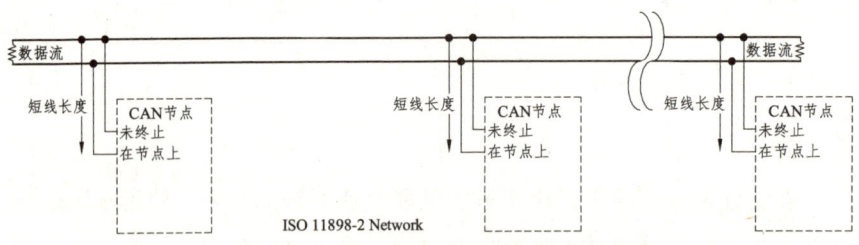

图 2.1　高速 CAN 网络 ISO11898-2 示意

所有节点通过 CAN_H 和 CAN_L 接入总线，它的工作模式有高速模式和低速模式，在汽车工业总线环境下，每个节点都有中央处理器、CAN 控制器和收发器，都具有收发信息的功能。

基于 CAN 总线的收发信息功能利用具有 CAN 控制器和收发器的设备作为一个节点接入汽车控制总线，通过总线分析仪对 CAN 信号进行收集、分析、解码，接入到汽车原有的总线系统中，获得加速度传感器，速度传感器，方向盘控制器传感器等节点，按照通信速率读取汽车实时的运动信息，主要包括速度、加速度、方向盘转角、巡航角度等。具有 CAN 总线功能的设备如图 2.2 所示。

图 2.2　具有 CAN 总线功能的 Node 设备

2.1.2 全球定位系统（Global Positioning System，GPS）

GPS（见图2.3）是由美国军方研制的卫星定位系统，能够提供实时、全天候、全球性和高精度的导航服务，能够为全球用户提供低成本、高精度的三维位置、速度和定时等信息。在智能网联环境下，汽车的绝对位置信息可以由GPS来给出，从而可以利用构建好的驾驶地图信息，为车辆的运动行为理解提供更丰富的信息。

图2.3 GPS

为了提高车辆运动过程中的定位精确度，GPS模块中使用了差分技术，即差分全球定位系统，简称DGPS（Differential GPS）。利用已知精确三维坐标的差分GPS基准台，求得伪距修正量或位置修正量，再将这个修正量实时或事后发送给用户（GPS导航仪），对用户的测量数据进行修正，以提高GPS定位精度。

我国已自主研发了北斗卫星导航系统，开发了以北斗为主，兼容其他卫星导航系统的高精度卫星导航服务体系，利用GNSS（Global Navigation Satellite）高精度接收机及地面基站网络，实现实时的高精度导航定位，已广泛用于导航服务。北斗卫星导航核心芯片如图2.4所示。

图 2.4 北斗卫星导航 BDS 核心芯片

汽车安装 GNSS 高精度接收机可获得汽车在运动过程中的三维位置，速度以及定时信息，在智能网联环境下，为周围的交通信息位置计算提供三维坐标的基础，也为车辆运动行为理解提供帮助。

2.1.3 加速度计

一般汽车上车辆安装的加速度计是一种惯性传感器，其同样可以为具有自适应修正垂直参考单元，可以采集车辆在行驶过程中的纵向加速度和横向加速度。

MEMS（MICro EleCTRo Mechanical Systems）加速度计采用了微机电系统技术，使得其尺寸大大缩小，一个 MEMS 加速度计只有指甲盖的几分之一大小（见图 2.5）。MEMS 加速度计具有体积小、质量小、能耗低等优点，一般与惯性导航系统共同安装。

对于车辆运动信息行为理解的方法，加速度计主要为车辆运动信息提供加速度信息，能够分析车辆运动在不同时间的加速度变化以及加速度值，分析踩下油门、踩下刹车踏板、换道、转弯等驾驶行为引起的加速度变化。

图 2.5 MEMS 加速计 SiA230 型号

2.1.4 惯性导航系统

惯性导航系统也称作惯性参考系统（Inertial Navigation System, INS），是一种不依赖外部信息、以陀螺仪和加速度计作为导航参数结算的自主式导航系统。

惯性导航的基本工作原理是在初始时提供初始位置及速度，通过陀螺仪测量惯性参照系中的角速度，加速计测量惯性导航系统的加速度，应用合理的运动学方程，对其加速度进行积分即可得到系统惯性速率，以及通过初始条件积分后的速度和惯性位置。

目前，应用于车辆运动系统中的惯性参考系一般为大地参考系，陀螺仪和加速度计还需要对地球自转引起的陀螺仪和加速度的偏移量进行处理，对地球引起的万有引力干扰进行补偿，才能得到基于地球自身惯性参考系的正确惯性速度和位置。它的缺点在于因存在传感器测量误差，随着时间的积累误差会越来越大，需要不断地与其他导航方式补偿计算，重新添加初始位置、速度、角速度等信息，降低其误差。

常用于汽车运动信息的惯性导航系统，一般包含惯导测量单元 IMU（Inertial Measurement Unit，见图 2.6），一个 IMU 中会装有三轴的陀螺仪和三个方向的加速度计，以此测量汽车在三维空间的加速度和角速度，并推导出对应在三维空间上的位姿。惯性导航系统可以采集车辆的位置、速度、时间、航向角度、加速度值、角速度等，为车辆自身的运动行为理解提供重要的运动信息。

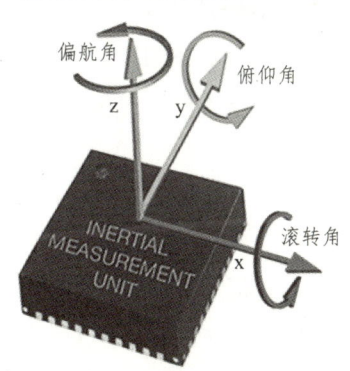

图 2.6 IMU 模块示意

2.1.5 即时定位与地图构建

即时定位与地图构建（Simultaneous Localization and Mapping，

SLAM),也称为并发建图与定位(Concurrent Mapping and Localization,CML)。最开始提出这一概念是用于机器人定位中的,机器人位于未知环境与未知位置,通过不断移动和扫描,记录环境特征与自身运动信息,匹配运算后计算得到自己在环境中的位置以及环境的地图。常常将激光雷达设备应用于车辆运动信息采集过程中,这个过程也被称作激光 SLAM。

1. 激光雷达

激光雷达(Light Detection And Ranging,LiDAR),即光探测与测量,是使用激光器作为发射光源,采用光电探测技术手段的主动遥感设备。激光雷达是激光技术与现代光电探测技术结合的先进探测方式,由发射系统、接收系统、信息处理系统等组成。

激光雷达在智能网联环境下作为传感器收集驾驶环境数据,为车辆运动行为理解提供车辆运动过程中的环境信息,是车辆感知周围环境的重要手段。它可用于车道线检测、障碍物检测与跟踪、点云分割和地图构建等感知技术。

目前,应用于车辆自动驾驶的激光雷达种类比较多,表 2.1 展示了部分常用于车路环境下的激光雷达以及它们的特点,其外观如图 2.7 所示。

表 2.1 激光雷达参数

激光雷达产品名称	探知范围	激光雷达特点
VelodyneVLS-64H [图 2.7(a)]	360°	探测距离达 300 m,适应高速和低速场景,分辨率高达到 0.1°
Robosense 速腾聚创 RL32 [图 2.7(b)]	360°	垂直角分辨率达到 0.33°,探测距离达到 200 m,搭载该产品、时速高达 100 km/h 的自动驾驶汽车有 7 s 的时间对环境做出反应

续表

激光雷达产品名称	探知范围	激光雷达特点
RS-LiDAR-M1Pre [图2.7（c）]	120°	采用MEMS技术方案，替代了传统的机械旋转方式，使得机器更加紧凑，更容易嵌入车体。该款雷达探测距离高达200 m、角高分辨率达到0.09°×0.2°
livox-Mid40 [图2.7（d）]	100°	垂直视角40°，垂直分辨率为0.13°，距离精度小于3 cm，帧速10

（a）Velodyne 激光雷达

（b）Robosense 激光雷达

（c）RS-LiDAR-M1Pre 激光雷达

（d）livox-Mid40 激光雷达

图 2.7　激光雷达

2. SLAM 算法过程

SLAM 常采用的核心算法为 Gmapping 算法，可以将车辆行驶过程中 SLAM 分解为定位和建图两部分。首先进行设备的初始化，对激光雷达的高度和倾斜角度进行参数调整，保证激光雷达的输出点云坐标系与里程计估计位姿的匹配，同时需要依据里程计获取当前车辆的位姿，与激光雷达点云进行匹配，包括时间，角度，三维空间坐标。

SLAM 过程可以视为"数据输入→特征匹配→地图更新"这个循环过程，SLAM 算法可以将传感器数据进行匹配，并通过机器人的运动估计出机器人的位姿变化，根据传感器数据的积累与融合计算，可以将新位置的传感器数据构建到已经建立的地图中，从而实现增量式地图的构建和定位。图 2.8 展示了基于 SLAM 的地图构建流程。

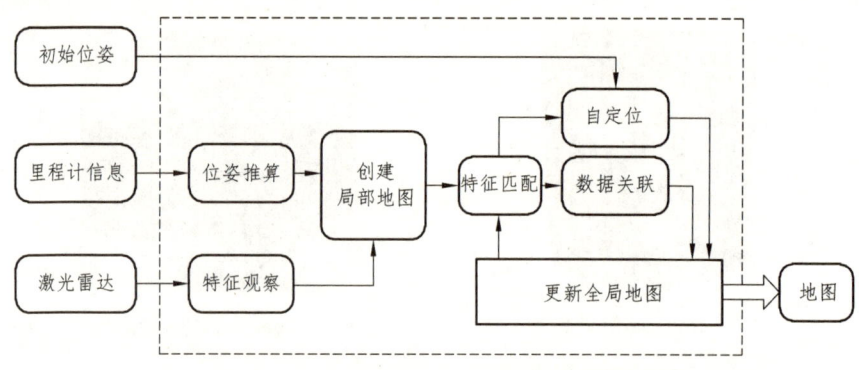

图 2.8 基于 SLAM 的地图构建流程

在场景中使用的 SLAM 算法为 Gmapping SLAM，是基于粒子滤波的算法，并融合了汽车轮式里程计数据，首先从里程计运动模型对当前的位姿进行采样，获取位姿信息，利用激光雷达测得距离做得分处理，得到当前位姿下所有粒子的权重，首次打开激光雷达时以首次位姿作为保存其准，下一帧与上一帧位姿不断做差值比对，可以获得已知位姿下的粒子权重，由此获得根据里程计和激光雷达数据计算出来的位姿与当前位姿下的地图（先解决定位再进行建图）。该算法可以在较为稀疏或者低频率的激光数据输入下建立较为精确的地图。

使用 Gmapping 粒子滤波算法，在原有从里程计和激光雷达数据计算出来的粒子权重分布下,由于里程计模型参数都服从高斯分布,基于粒子滤波算法用于预测上一帧基于里程计模型和激光雷达观测的高斯分布,并将当前分布于预测分布计算不一致性,并表示为粒子权重。由于激光雷达的分布比里程计的分布更精准,当计算差值超出基准 K 值时开始重采样,用于修正粒子权重和分布,校正位姿估算。

启动 Gmapping SLAM 算法后,通过激光雷达对环境进行扫描,需要驾驶员控制汽车运动并不断扩展激光雷达扫描范围,直至完成整个环境的地图建立。采用 Gmapping SLAM 方法建立地图过程如图 2.9 所示。

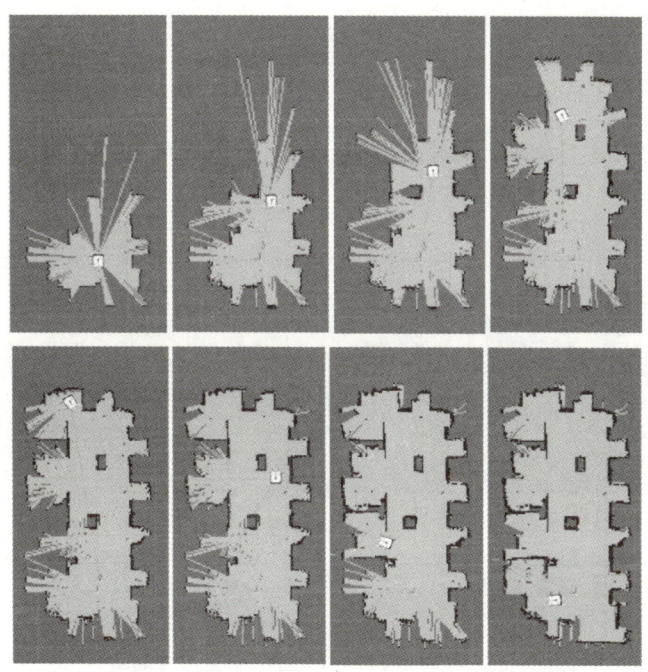

图 2.9 采用 Gmapping SLAM 方法建立地图过程

2.1.6 视觉——车道线信息采集方法介绍

车道线属于交通标线,可以为车辆、行人提供参考、警告等信息。国家标准《道路交通标志和标线》规定:车道线线宽分为 10 cm、15 cm、

20 cm；线型分为实线和虚线；颜色分为黄色和白色。结构化车道线按照虚实和单双又可以分为图2.10所示的单实线、双实线、虚线线、实虚线、虚实线、路缘线等6种类型[21]。

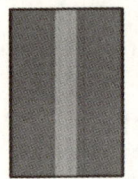 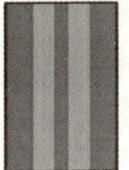 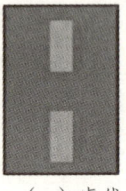   

（a）单实线　（b）双实线　（c）虚线　（d）实虚线　（e）虚实线　（f）路缘线

图 2.10　结构化车道线类型

在真实道路环境下，车道线通常由不同线宽、线型及颜色的车道线组成，如图2.11所示。除了车道线，道路上还有其他道路标识，由于车道线维护保养不及时，道路中存在车辆、行人等情况，真实道路状况要更为复杂。

（a）双侧白色虚线　　（b）白色实线和白色虚线　　（c）双侧白色实线

（d）白色虚线和黄色虚线　（e）白色虚线和白色实线　　（f）双黄色实线

图 2.11　常见车道线类型

因此，对于高级辅助驾驶或自动驾驶，准确、实时地采集车道线信息十分重要。

车道线检测是通过传感器采集道路图像数据，经过图像预处理，采用一定的方法检测出车道线的位置和方向。车道线检测常用的传感器有摄像头和激光雷达。因为摄像头的成本低，图像信息丰富，图像处理算法较为成熟，同时，车道线与路面背景的颜色差异明显，视觉特性良好，所以，摄像头是目前车道线检测的主要传感器。

车道线检测步骤一般包括视频图像获取、图像预处理、特征提取、车道线检测及跟踪，其流程如图 2.12 所示[22]。

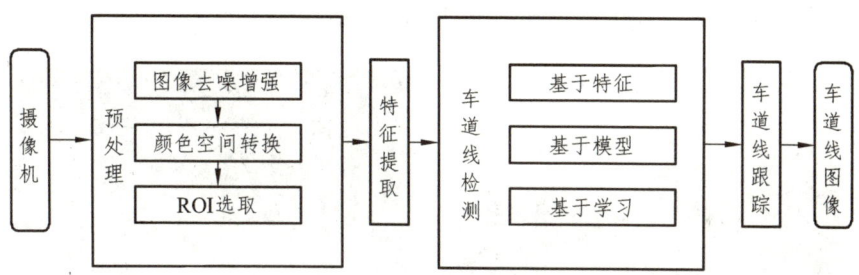

图 2-12　车道线检测流程

首先通过车载或路侧摄像头获取车道线的图像数据，作为系统的输入；在图像预处理阶段，对采集的图像需要进行去噪、增强、颜色空间转换以及感兴趣区域（Region of Interest，RoI）选取。然后在选定的 RoI 中，提取车道线颜色、边缘、纹理以及其他特定的车道线信息，输入到检测阶段。检测阶段通过基于特征的、基于模型和基于学习等方法对车道线进行检测。跟踪模块用来实现车道线的预测，提升检测的精确性。

实际道路环境复杂多变，光照强度变化、车辆遮挡、天气条件等诸多因素都会对采集道路图像数据产生影响，因此，在对车道线检测前，需要对原始道路图像进行预处理，去除噪声，突出车道线的特征。

道路图像预处理一般包括感兴趣区域提取、图像灰度化和图像滤波等方法。

感兴趣区域是图像中需要重点关注的区域，由于摄像头采集到的道路图像除了车道线，还有天空、建筑物、行道树等，因此需要去除这些区域，保留包含车道线的举行区域。这样做一方面可以减小数据量，提高处理的实时性；另一方面可以排除干扰，提高算法的健壮性。感兴趣区域划分的方法包括静态划分法和动态划分法[22]，静态划分法主要是根据摄像头的固定位置、固定角度及焦距参数，划分大小固定的 RoI 区域。而动态划分法是根据路面和天空的灰度值差异，自适应地进行 RoI 区域划分。道路图像 RoI 划分效果如图 2.13 所示。

（a）原始道路图像划分　　　　　　（b）保留 RoI 区域

图 2.13　道路图像 RoI 区域划分

道路图像灰度化是将摄像头采集的 RGB 三通道彩色图像，按照一定的比例转化为单通道的灰度图像，可以减少数据量，有助于提高算法的执行效率。常见的灰度化方法有最大值法、平均值法和加权平均法。

平均值法，计算 RGB 三个通道中对应像素点的平均值作为该点的灰度值。

$$\text{Gray}(i,j) = \{R(i,j), G(i,j), B(i,j)\}/0.3 \tag{2.1}$$

最大值法，将三通道中的最大值作为灰度值。

$$\mathrm{Gray}(i,j) = \max\{R(i,j), G(i,j), B(i,j)\} \qquad (2.2)$$

加权平均法，对 RGB 三通道设置不同的权重，将加权求和得到的值作为该像素点的灰度值。可以根据符合人眼的感知，设计如下权重进行图像灰度化处理。

$$\mathrm{Gray}(i,j) = 0.299R(i,j) + 0.587G(i,j) + 0.114B(i,j) \qquad (2.3)$$

原始图像进行 RoI 区域划分和灰度化后，灰度图像中仍可能存在着路面阴影、裂纹等干扰信息，不利于后期对车道线信息对提取。对灰度图像进行滤波（平滑处理），可以尽可能地去除噪声点，保留车道线的各种细节特征。图像滤波的方法主要包括均值滤波、中值滤波、高斯滤波等。均值滤波采用一个领域窗口对图像进行卷积运算，输出的像素值为该领域窗口内所有的灰度值的平均值；而中值滤波是采用领域内所有灰度值的中值作为滤波后的像素值。

原始道路图像经过预处理后，可以用于车道线的检测。按照车道线检测所采用的技术途径，可将基于视觉的车道线检测方法分为基于特征、基于模型、基于学习及其他方法 4 类。

基于特征的方法依据车道线的颜色、边缘或梯度变化等特征信息，通过聚类或者分割等方式将车道标线与道路表面非车道线区域分离。由于使用的特征存在差异，基于特征的方法又可以细分为基于颜色、基于边缘、基于灭点（Vanishing Point，VP）的方法以及综合运用上述特征的方法。

基于颜色的检测方法通常先完成图像到 HIS、Lab 或者其他彩色空间的变换，区分路面像素与车道线像素，然后使用颜色直方图、强度与饱和度分量来区分路面和车道线。为了更好地区分车道线及路面，基于颜色的方法通常采用聚类算法实现车道线检测，利用特征提取后车道线与路面的差异，使用 k-means、自聚类等聚类算法对车道线像素进行聚类，可以得到较好的效果。

图像梯度变化是边缘的一大重要特征，车道线像素和道路表面其他区域的像素有明显区别，利用梯度增大车道线与路面的对比度，进而提高车道线检测准确率，基于边缘的方法大多是通过边缘检测算子和 Hough 变换相结合的方式进行车道线检测。例如，对 Sobel 算子进行边缘特征提取，利用分块 Hough 变化对车道线进行检测，可以提高检测方法的抗干扰能力。

世界坐标系内平行线都汇聚到图像坐标系内的一个点，该点就称为灭点（VP），在车道平行假设下，VP 可以用来提高车道线检测的健壮性。基于 VP 的车道线检测方法可以分为基于单个 VP 和多个 VP 的方法。单个 VP 方法一般是先检测 VP，然后通过全局信息提取车道线。多个 VP 可以解决道路曲率较大时的车道线检测问题。

基于模型的方法是根据车道线的轨迹特征（直线或曲线），将车道线表示为一种合适数学模型，然后根据车道线特征通过 RANSAC 算法、最小二乘法和 Hough 变换求解模型参数。车道线建模采用的模型主要有直线、抛物线、双曲线以及样条曲线等。常用的有直线模型方法、曲线模型方法和可变模型方法。

与传统的车道线检测方法相比，基于学习的方法将车道线的检测精度从 80%提高到 90%。该方法主要包括基于 CNN、基于 RCNN、基于 LSTM、基于 GAN 模型等方法。

将 CNN 和聚类、拟合等方法结合，实现车道线的特征提取和检测，提取车道线边缘特征或者基于语义分割提取车道线像素掩码（Mask），然后通过传统的 RANSAC 等方法对 Mask 进行拟合。实例分割车道线检测网络结构如图 2.14 所示，该网络由两部分组成：车道线分割网络和车道线拟合网络。车道线分割网络是基于 VGG-16 网络增加了反卷积结构，然后构建了两个分支，分别可以得到二值化语义分割和图像像素距离值，再结合聚类算法实现对车道线的分割。在得到车道线实例图像之后，车道线拟合实现车队车道线像素的变换，得到参数化曲线[22]。

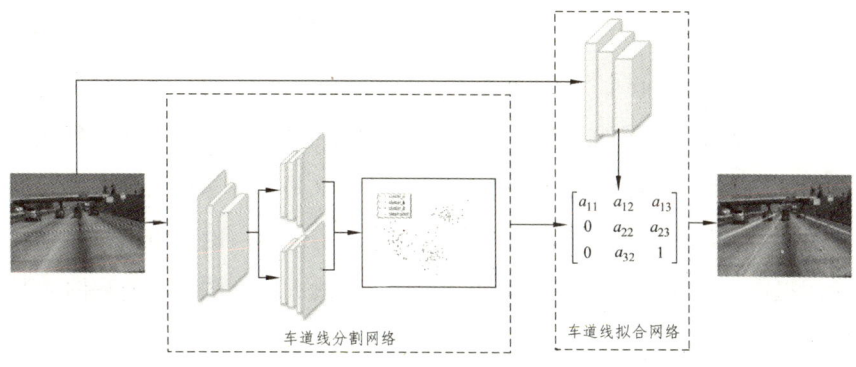

图 2.14　车道线实例分割网络

基于区域的卷积神经网络（RCNN）在目标检测领域取得了很好的效果，此类方法首选通过卷积提取图像的特征，然后对该区域的特征进行分类。基于 RCNN 的 Fast RCNN 和 Faster RCNN 都可以用来进行车道线检测。

基于 CNN 和 RNN 的方法主要是通过长短时记忆结构（Long Short-Term Memory，LSTM），将 CNN 提取的车道线边缘坐标经过编码生成低维表示，LSTM 根据车道线置信度预测每条车道线的二次曲线参数，当置信度低于某一阈值时认为已检测出图像中的所有车道线。LSTM 的网络结构如图 2.15 所示，基于 RNN 网络结构，LSTM 设计了新的记

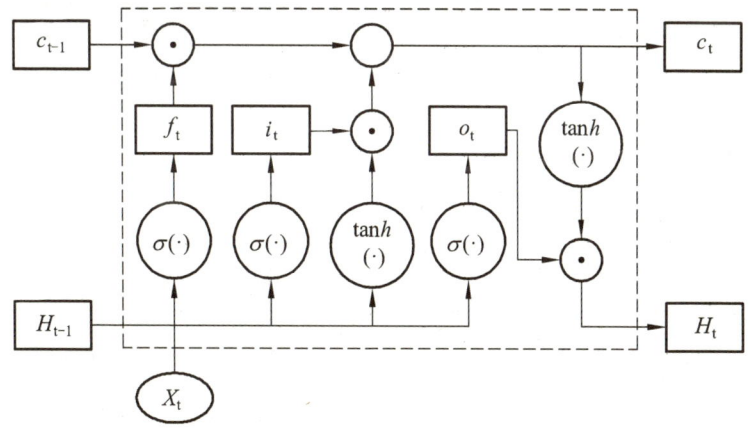

图 2.15　LSTM 的网络结构

忆单元（memory cell），同时加入了调节门来控制信息在序列中的传递，信息的更新分别收到 3 个门的控制，分别是输入门、遗忘门和输出门。

基于 GAN 模型的方法利用 GAN 的生成器对车道进行预测，判别器对预测结果和真值标签进行判别。另一种方式是将图像输入到训练好生成器中，可以完成车道线检测，得到含有车道线标注的 RGB 彩色图像，然后提取车道线，并将其转换成仅含有车道线的灰度图，其流程图如图 2.16 所示[23]。

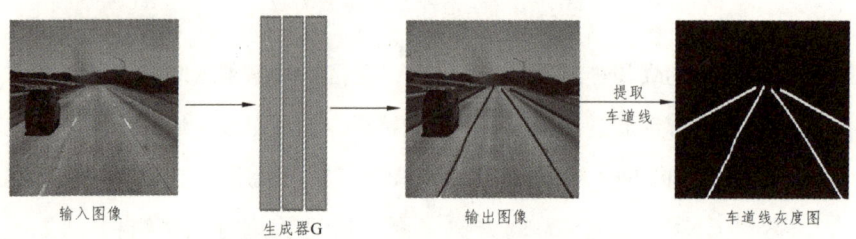

图 2.16　基于 GAN 的车道线检测流程

表 2.2 对上述车道线检测方法进行了总结和对比。

表 2.2　常用车道线检测方法对比

方法	方法	优　点	缺　点
基于特征的车道线检测方法	基于颜色	利用了颜色对图像大小、方向等细节不敏感的特点，可以有效克服路面上的裂纹和阴影等干扰，算法复杂度低，实时性好	对输入图像的质量要求较高，易受环境干扰，在强光照射、夜晚光线较弱时，车道线颜色会发生变化。对于车道线存在部分缺失、遮挡等情形，甚至无法获得车道线的颜色信息
	基于边缘	运算复杂度较低，所检测到的边缘位置较精确，不受车道线颜色影响	大都取决于图像局部区域信息，对噪声、阴影及反光敏感

续表

方法	方法	优 点	缺 点
基于特征的车道线检测方法	基于VP	对车辆遮挡及阴影等干扰不敏感，具有较强的健壮性，基于特征的车道线检测方法不需要建立模型，运算成本低，实时性强	算法建立在局部区域车道宽度恒定、车道标线之间平行的前提下，所以该方法的难点是对VP的准确估计
基于模型的车道线检测方法	直线模型	模型简单，易于实施，健壮性强	对较大曲率的车道线的检测不够精确，即便采用分段直线模型也不能对大曲率车道线实现可靠的检测
	曲线模型	曲线模型虽然能很好地拟合弯道线	运算量大，不利于系统实时性的实现，而且模型参数对直线车道线敏感，可能会产生近似误差
	可变模型	与单一模型相比，可变模型能更好地标示车道线，逼近精度较高，且适用于多种路况，提高了检测性能	模型运行时间比单一模型长，还需进一步优化
基于学习的车道线检测方法	基于CNN 基于RCNN 基于LSTM 基于GAN	基于学习的方法可以在不对道路结构和车辆运动模式做出假设的情况下，通过对大量数据集的训练有效检测车道线，比其他检测方法能更好地描述车道线的特征	依赖大量的已标定的样本数据，算法复杂、计算成本高，不能适应实际系统对快速性与实时处理的需要

2.1.7 多元信息融合算法

多元信息融合是智能信息处理的一个重要研究领域，通过对多类同构或异构传感器数据进行处理、关联、滤波、集成或综合分析，选取适当的融合模式或处理方法，用以提高信息的质量，获得比单一信息源更多、更精确的推理，为知识提取奠定基础。多元信息融合可以突破单一传感器信息表达的局限性，减少单传感器的信息盲区，融合之后信息质量更高，有利于对事物进行判断和决策。多种术语可以互换使用，如多传感器信息融合、信息融合、数据融合等都可以与多元信息融合互换使用。

根据信息融合在多源信息处理层次中的抽象程度，可以划分为像素级、特征级、决策级融合。第一层是像素级或数据层融合，即将多源原始数据的直接融合，其输入是由多个传感器提供的各种类型的原始数据，其输出为特征提取或者局部决策的结果；融合利用典型的原始数据融合技术，如卡尔曼滤波，保证了原始数据的完整性，同时，为了保证数据的完善性，通常需要传输大容量的数据，使得处理时间长，数据不稳定。第二层是特征级或目标级融合，是分别从各传感器提供的原始数据进行特性提取，再对提取后的数据进行处理和融合；在融合前，原始数据实现了一定的信息压缩，有利于实时处理，减少了需要处理的数据量，提高了实时性。第三层是决策级融合，是通过不同设备观测同一目标，每个设备单独处理好收集到的信息，已经初步获取研究对象的相关决策，通过关联处理实施融合判决，最终按照某种融合原理进行联合，推断出目标结果，是高层次上的融合。上述三种信息融合层次优缺点见表2.3。

表2.3 三种融合层次的性能比较

融合层次	计算量	容错性	信息损失	精度	抗干扰性	融合方法	对传感器同质性要求	通信数据量	实时性	融合水平
像素级	大	差	小	高	差	难	大	大	差	低
特征级	中	中	中	中	中	中	中	中	中	中
决策级	小	好	大	低	好	易	小	小	好	高

多源信息融合算法是信息融合处理的基本内容,它将多维输入数据根据信息融合的原理,对数据进行综合处理,最终实现融合。根据不同的标准,常用的信息融合算法有不同的分类方法,常见的分类方法是将其分为经典方法和现代方法。经典的信息融合算法是基于经典数学方法的一类融合算法,主要由:贝叶斯估计(Bayesian Inference)、加权平均法(Weighted Average Method)、极大似然估计(Maximum Likelihood)、D-S证据理论(Dempster-Shafer Inference)、卡尔曼滤波(Kalman Filter)等。现代信息融合算法是根据现代信息论、人工智能理论等发展起来的一类融合算法,该类算法主要有聚类分析(Cluster Analysis)、模糊逻辑(Fuzzy Logic)、神经网络(Neural Networks)、小波理论(Wavelet Theory)、粗糙集理论(Rough Set Theory)、支持向量机(Support Vector Machines)、稀疏表示(Sparse Representation)等方法。表2.4对上述算法进行了介绍和对比。

表2.4 信息融合算法

融合算法	算法描述	优点	缺点
贝叶斯估计法	根据观测空间的先验知识,Bayes理论提供一种计算后验概率的方法,实现观测空间中的目标识别	有数学公理作为基础,易于理解,计算量小	先验知识不易获取,适用范围比较小
D-S证据理论	将前提严格的条件从可能成立的条件中分离开来,是任何涉及先验概率的信息缺乏得以显示化,能够区分未知性和不确定性	有数学公理作为基础,易于理解,计算量小	先验知识不易获取,适用的范围比较小
加权平均法	将来自不同传感器的冗余信息进行加权,得到加权平均值即为融合结果	信息丢失少,适合对原始数据进行融合	需建立数学模型或统计特征,适用范围有限

续表

融合算法	算法描述	优 点	缺 点
极大似然估计	将融合信息取为使似然函数达到极值估计值	信息丢失少,适合对原始数据进行融合	需建立数学模型或统计特征,适用范围有限
卡尔曼滤波	在已知系统数学模型的情况下,利用状态空间方程和测量模型递推出在统计意义下最优化的融合数据估计	信息丢失少,适合对原始数据进行融合	需建立数学模型或统计特征,适用范围有限
聚类分析	根据样本自身的属性,用数学方法按照某种相似性或差异性指标,定量地确定样本之间的亲疏关系,并按这种亲疏关系程度对样本进行聚类	对先验知识没有要求,适合模式类数目不是精确知道的标识性应用	对数据对要求较高(分离度要好),忽略了数据的非线性
模糊逻辑	是一种多值型逻辑,指定一个0~1的实数表示其真实度	对问题描述清晰,同人类语言相尽,扩展性好	计算量大
神经网络	通过神经网络特性的学习算法来获取知识,得到不确定性推理机制,然后根据这一机制进行融合和再学习	对先验知识要求不高或无要求、有较强的自适应能力	运算量大,规则难建立
小波理论	采用逐渐精细的视域和频域步长,聚焦到分析对象的任意细节	噪声抑制强,应用范围广	运算量大

续表

融合算法	算法描述	优点	缺点
粗糙集理论	是一种刻画不完整性和不确定性的数学工具，能够有效地分析不精确、不一致、不完整等各种不完备的细节，也可以对数据进行分析和推理，从中发现隐含的知识，揭示潜在的规律	不需要预先给定数学描述，而是直接从给定问题的知识分类触发，导出决策规则	运算量大，不易实现
支持向量机	一类按监督学习方式对数据进行二元分类的广义线性分类器，其决策边界是对学习样本求解的最大边距超平面	较好的健壮性，计算的复杂性取决于支持向量的数目，而不是样本空间的维数，避免了"维数"爆炸	对大规模训练样本难以实现

2.2 基于路侧传感器的车辆运动信息采集方法

2.2.1 基于路侧视觉采集方法

由于机器视觉获取信息具有丰富、直观、可靠等优点，常被用于采集道路中的车辆数据，采集方法主要有帧差法、背景差分法、光流法、外观特征检测法、模型法等。

帧差法主要是对相邻两帧图像的对应像素点进行灰度值差分运算，然后将差分结果与预设的阈值进行比较，大于阈值的对应像素点视为运动车辆的像素点。背景差分法是一种特殊的帧差法，将当前帧图像与背景图像进行灰度差分，与预设的阈值进行比较，大于阈值的对应像素点即视为运动车辆的像素点。能够实现背景提取与更新的方法包括直方图法、平均值法、高斯分布背景模型法、Kalman 滤波法等。基于帧差法的车辆检测系统如图 2.17 所示，该系统主要包括训练模块和检测模块，检测视频序列时，载入分类器，使用滑动窗口进行多尺度检测，最后用矩形框将检测到的车辆标记出来[24]。

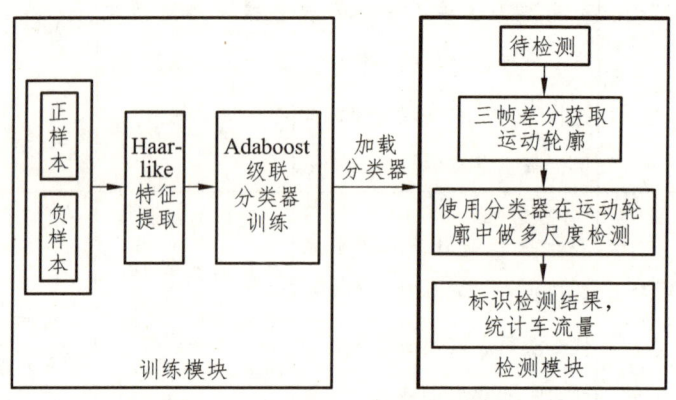

图 2.17　帧差法车辆检测系统

基于外观特征提取的车辆检测方法基本思想是通过提取车辆的一些显著特征，如颜色、纹理、对称部件、边缘等来检测车辆。首先是对视频或图像数据进行处理，提高图像质量，然后采用 Sobel 算子等方法计算图像感兴趣区域内等边缘梯度，并进行统计，再根据车辆的边缘与路面背景跳跃性大、边缘变化次数多等特征，确定候选区域，此类方法的检测正确率可以达到 80% 以上。

基于模型的车辆检测方法首先提取车辆等某些特征，然后识别出车辆的特征，典型方法包括主成分分析法（Principal Components Analysis，PCA）、小波分析法（Wavelet Analysis，WA）、支持向量机（Support Vector Machines，SVM）等。这些方法的车辆检测主要分为两步：特征提取和分类器训练，首先对正负样本使用 HOG 等方法提取特征，然后对 SVM 等分类器进行训练，得到训练后的分类器，然后对测试样本进行检测，输出检测结果。方向梯度直方图（Histogram of Oriented Gradient，HOG）是特征提取的常用方法，通过对图片局部的像素点进行梯度信息描述，经过计算得到图片的特征信息，HOG 特征提取如图 2.18 所示[25]。基于 HOG 特征检测的算法流程如图 2.19 所示，首先对输出的车辆样本数据进行 HOG 特征提取，然后对样本进行分割，并对 SVM 分类器进行训练，对比结果分配权值，最后输入的待检测样本进行分类，即可以得到分类结果。

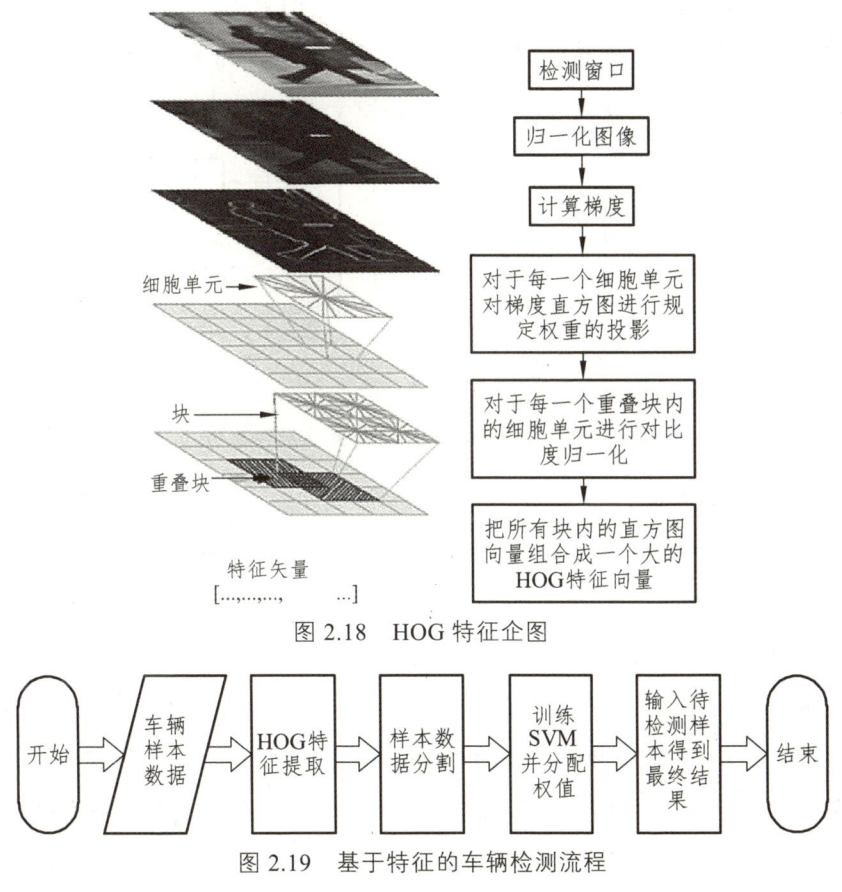

图 2.18 HOG 特征企图

图 2.19 基于特征的车辆检测流程

近年来，随着深度学习在视觉领域的快速发展，现阶段主流的目标检测方法主要分为两类：一种是基于候选区域的阶段检测模型，另一种是基于回归的一阶段检测模型。第一种检测器是首先寻找目标（车辆等）可能存在的区域，即候选区域，然后在候选区域中进行目标的分类识别，最终实现目标检测，此类方法主要以 RCNN 系列为代表，主要包括 R-CNN、FastR-CNN、FasterR-CNN 和相应的改进算法。此类方法可以实现端到端的训练和检测，但是检测速度较慢，实时性较差。Faster RCNN 检测流程如图 2.20 所示，首先经过卷积层得到样本的特征图，在特征图上进行感兴趣区域提取，然后区域建议网络 RPN 生成候选区域，通过 RoI 池化层对每个候选区域生成固定尺寸的特征图，最后分别使用包围框回归和 Softmax 分类对回归框和分类概率进行训练。

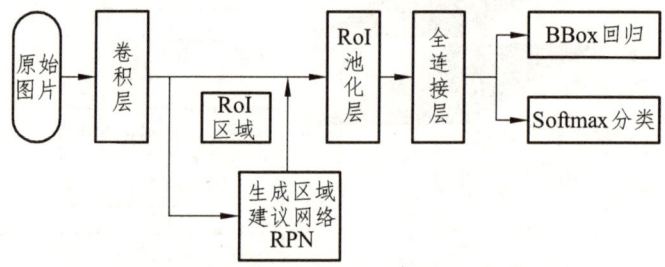

图 2.20　Faster RCNN 方法检测框架流程

基于回归的检测器的代表有 YOLO、SSD 等，这类方法在图像的不同位置使用先验框进行抽样，然后使用 CNN 提取特征后直接进行分类和回归。这些方法大大提高了基于深度学习的目标检测速度，YOLO 在 GPU 上的检测速度可以达到 140 帧，检测速度远远高于二阶段的检测器，但整体的检测准确率相比较低。SSD 网络结构如图 2.21 所示，SSD 使用了 VGG16 作为主干网络，为了扩展卷积的视野，选择了空洞卷积，然后直接采用卷积层从特征图来提取检测结果。YOLOv5 是 YOLO 系列目标检测器的最新版本，网络结构如图 2.22 所示，主要包括主干网络、PANet 和输出层三部分。

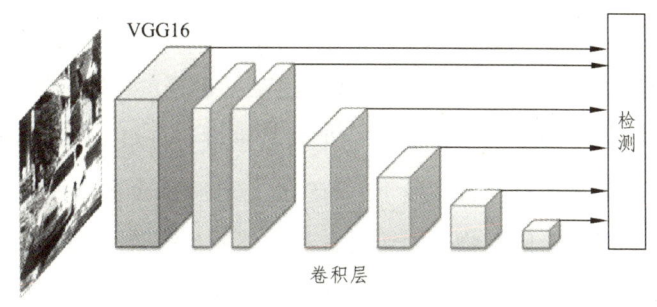

图 2.21 SSD 网络结构

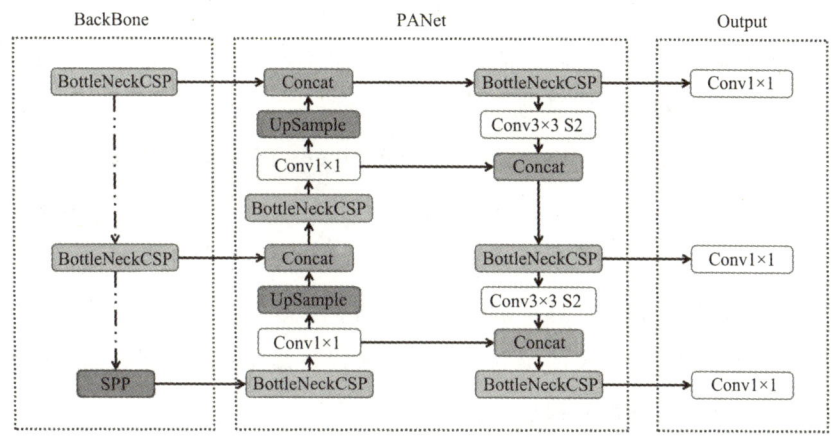

图 2.22 YOLOv5 网络结构

2.2.2 基于路测激光雷达采集方法

基于路测激光雷达采集方法目的是从激光雷达中检测、识别出车辆的位置、速度、方向角等位置运动信息。首先从激光雷达使用以太网口或串口采集源数据为三维的点云（point cloud）格式，需要对上一帧采集的数据与当前一帧数据对比识别车辆的运动信息，并进行匹配，更新所有检测车辆的运动信息数据。采集分析方法主要分为基于聚类方法和基于深度学习的方法。

1. 基于聚类的路测激光雷达采集方法

使用 DBSCAN、聚类树等聚类方法对障碍物进行聚类分割，得到当前障碍物的三维包围盒及其坐标信息,再采用扩展卡尔曼滤波(Extended Karman Filter)方法对周围障碍物进行跟踪,获取实时的车辆运动信息。

DBSCAN的核心思想是基于密度对数据进行分组,每一组作为一个聚类簇,在激光雷达点云环境下,每一个点作为一个数据,每个聚类簇可以被认为是一个障碍物,需要设置参数邻域半径R和最少点数目p,通过欧几里得距离来判断点与点之间、簇与簇之间的距离。运行时,需要扫描所有点是否满足簇核心点,并以核心点和簇内距离作为聚类范围,直到所有点都计算完毕,得到聚类簇,并以最大包围范围作为三维包围盒,识别车辆的坐标信息与三维大小。

扩展卡尔曼滤波(Extended Karman Filter,EKF)。传统的卡尔曼滤波方法需要给出需要跟踪目标的先验状态转移规律来跟踪计算,在现实的交通环境中对车辆运动行为的理解或者运动并不遵循线性规律,通过假设非线性的函数,计算运动模型位置后验函数和真实数据后验函数,得到对应与时刻t相关的雅克比矩阵,来代替普通卡尔曼滤波的线性状态方程,计算后预测方程如下:

$$X_t = f(u_t, x_{t-1}) + \varepsilon_t \qquad (2.4)$$
$$Z_t = h(x_t) + \delta_t \qquad (2.5)$$

经过EKF模型后,对下一个时刻的障碍物的状态及状态转移方程进行信任度概率计算,匹配上一时刻障碍物信息,得到障碍的实时信息。基于聚类和卡尔曼滤波的实时目标检测算法如图2.23所示。

2. 基于深度学习的路测激光雷达采集方法

构建深度神经网络,输入层为原始3D点云数据,通过有监督的方式来训练网络权重参数,需要完成检测车辆、提取车辆运动特征、更新车辆运动信息的任务。部分激光雷达检测车辆运动信息的深度学习方法如下。

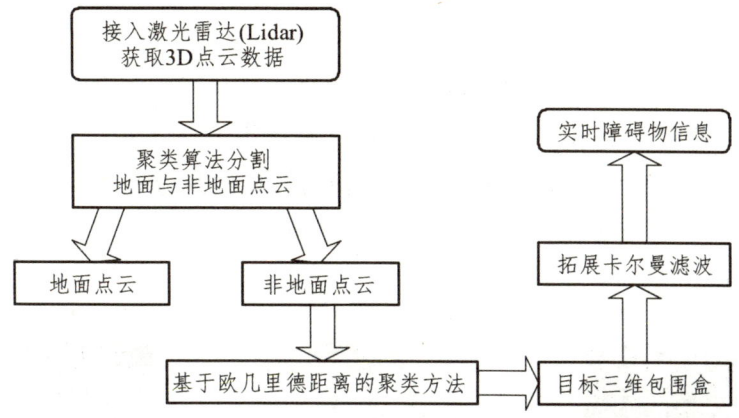

图 2.23　基于聚类和卡尔曼滤波的实时目标检测算法流程

（1）全卷积网络 FCN。

FCN 将全卷积网络技术移植到三维距离扫描数据检测任务。根据激光雷达提供距离数据，将场景设置为车辆检测任务。在 2D 点图呈现数据，并使用单个 2D 端到端全卷积网络同时预测目标置信度和边框。通过设计的边框编码，使用 2D 卷积网络也能够预测完整的 3D 边框。

FCN 的目的是预测车辆的对象性与包围盒大小，即可获得其位置，根据时间差计算其速度。全卷积网络包括了特征提取层 conv1，及对应的特征解码层 deconv5a 和 deconv5b，conv2 卷积层对应连接层 deconv4，如图 2.24 所示。

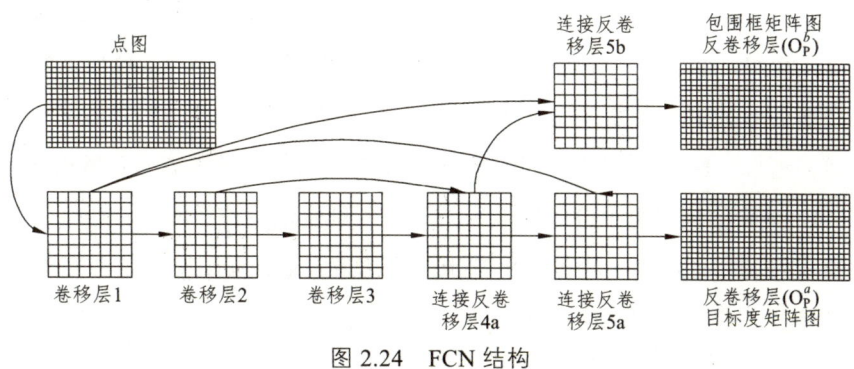

图 2.24　FCN 结构

（2）Voxel Net。

Voxel Net 对原始的三维点云栅格化，转换为统一特征表示，再使用 RPN（Region Proposal Network）区域建议网络检测是否有感兴趣的目标，通过分组和采样的方式检测栅格内是否有车辆存在，这是一个一步端到端的可训练深度神经网络。Voxel Net 网络结构如图 2.25 所示。

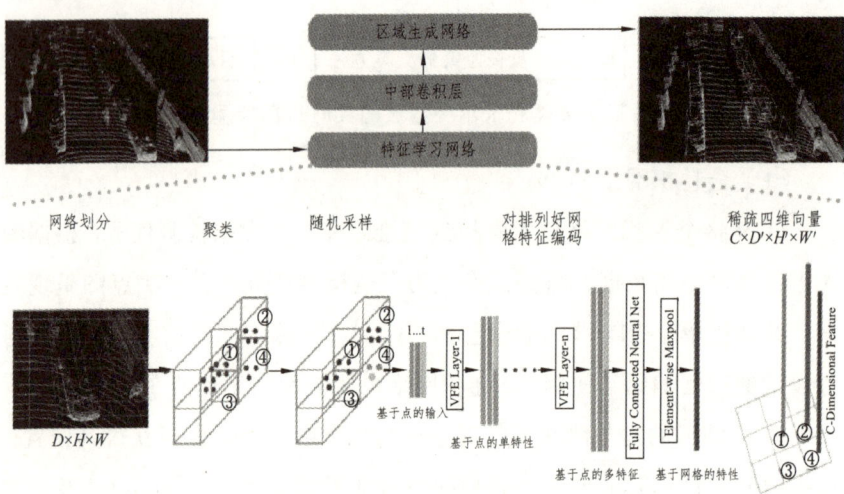

图 2.25　Voxel Net 结构

Voxel Net 检测过程分为三个步骤，首先特征学习网络，直接对激光雷达产生的点云数据进行特征学习，经过三维空间的体素划分后进行点云数据的编码，然后经过卷积中间层，这样可以聚合体素内的点云特征，增加更多的形状物体特性。最后再通过 RPN 区域建议提取框产生相应的检测区域，进行位置回归和目标分类。Voxel Net 特征提取层结构如图 2.26 所示。

RPN 结构将每个分组区域内的点输入到全连接神经网络，得到基于点排序的特征序列，再提取出基于元素的最大池，局部检测是否有感兴趣特征，最后得到关注点集。

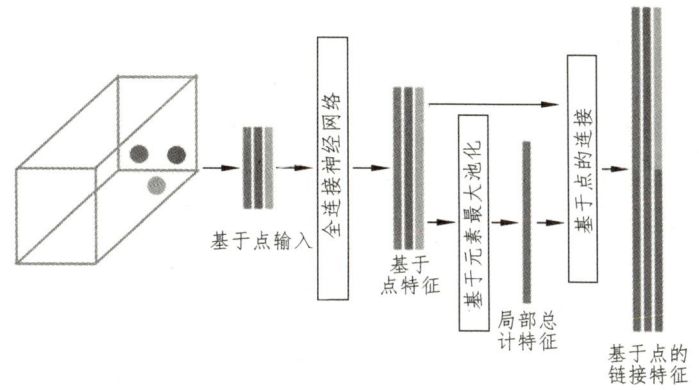

图 2.26 Voxel Net 特征提取层结构

2.2.3 基于路侧微波雷达采集方法

微波雷达不仅具有全天候、全天时的工作能力,能够穿透雾、烟、灰尘等,而且可以获取目标的位置、速度和大小,常用于道路信息检测。调频连续波雷达原理如图 2.27 所示,雷达的基本工作原理都是雷达设备的发射机通过天线将电磁波能量发射到空间某一方向,电磁波会被处在此方向上的物体反射,雷达天线接收此反射波,送至接收设备进行处理,提取目标与雷达之间的距离、目标的速度、角度等信息。

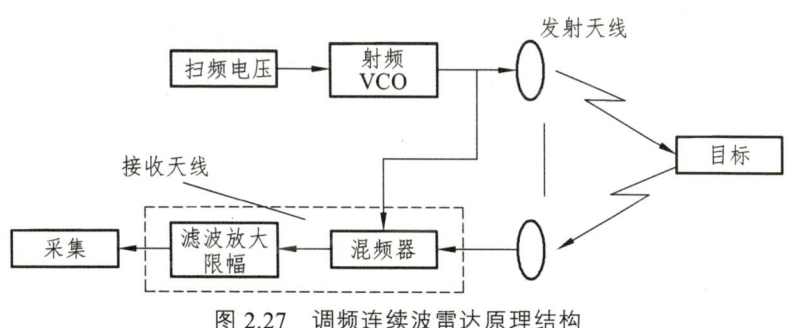

图 2.27 调频连续波雷达原理结构

微波的测速原理如图 2.28 所示,信号发出后碰到运动物体被反射,根据多普勒原理,反射波会发生频移,接收天线接收到回波信号,通过对回波信号进行分析,便可获得运动目标的速度为

$$V = \frac{f_d c_0}{2 f_0 \cos\beta} \tag{2.6}$$

式中，f_d 是多普勒频差；c_0 是电磁波在该环境下的传播速度，可以近似为光速；f_0 是雷达的发射频率；β 是被测物体运动的实际方向与接收天线之间的夹角。

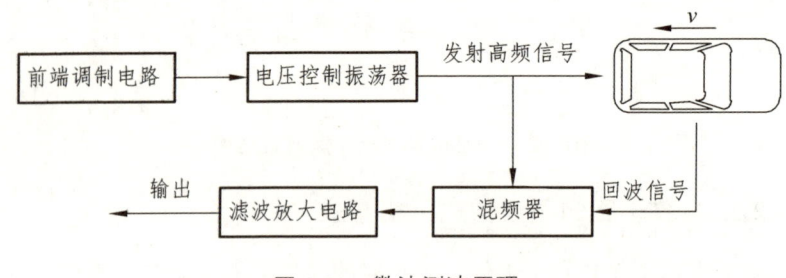

图 2.28　微波测速原理

随着深度学习在多个领域的出色表现，神经网络也逐渐被应用到微波雷达领域，能够实现目标的检测和分类。此类算法主要包括 3 个步骤：数据预处理、模型训练和测试。首先对接收到对雷达回波信号进行数据拆分、去直流、去畸变点、加窗口等操作。然后对采集数据或者使用公开数据集进行模型训练，调整参数与网络结构，选取最佳模型进行目标检测等。基于微波雷达回波信号的车型分类方法流程如图 2.29 所示，主要包括数据预处理、目标检测及数据集构建和模型训练与分类三部分，对经过预处理后的回波信号进行频谱分析，使用 CFAR 进行目标检测，得到有雷达目标的二维时频图，以开始帧和结束帧之间的 N 帧目标信号构建数据集。最后利用训练集进行训练，调整网络参数和结构，获取最佳模型并进行目标检测和分类[26]。

由于微波雷达无法提供高分辨率的环境信息，常用于辅助摄像头、激光雷达等其他路侧感知设备，采用信息融合方法更准确地获取车辆类别、速度、位置等信息。

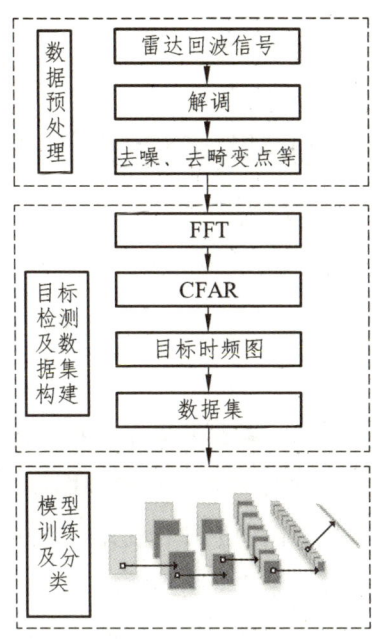

图 2.29 基于微波雷达回波信号的车型分类方法流程

2.3 小　结

本节主要介绍了智能网联环境下车辆运动信息采集方法，主要分为两个方面：自车运动信息采集和道路中车辆运动信息采集；针对自车信息采集使用到的传感器进行了描述，包括 CAN、GPS、加速度计、惯性导航、SLAM 等传感器的介绍。车道线是十分重要的交通标线，因此基于视觉的车道线信息采集方法应用很广。在基于路侧传感器的车辆运动信息采集方面，对基于路侧视觉、路侧激光雷达、路侧微波雷达的采集方法进了介绍。由于各个传感器自身存在着缺陷，多传感器信息融合是十分常见的，因此本章介绍了信息融合常用的方法，并对各种方法的优缺点进行了总结和对比。

第 3 章 智能网联环境下车辆运动信息表征方法

根据第 2 章描述的采集设备和采集方法可以采集到多项车辆运动特征，但是并不是所有采集到的车辆运动特征对车辆运动行为理解都有贡献，特征提取算法在解决该问题上具有较大的优势。另外，车辆运动信息表征的基本目标是表征出采集的运动特征，为车辆运动行为的理解做铺垫。由车辆运动轨迹可以得到车辆的位置、速度方向、速度大小、加速度大小等运动信息，因此，在智能网联环境下对车辆运动信息表征方法的研究可以转化为车辆运动轨迹表征方法的研究。

3.1 车辆运动特征提取算法

特征选择算法是进行车辆运动特征选择的基本算法，本节首先描述特征选择算法在车辆运动行为分析中的作用，然后介绍特征选择算法的基本框架，最后介绍特征选择算法的分类，并基于 Filter 型特征选择算法分析相关性、冗余性和互补性，最后介绍了一种基于冗余互补的特征提取选择算法。

3.1.1 特征选择算法

1. 特征选择算法的作用

在智能网联环境下，现有的感知系统可采集车速、纵向加速度、横向加速度、横摆角速度、经度、纬度和方向角等多项车辆运动特征。然而并不是所有的车辆运动特征都对车辆运动行为理解有贡献，有些车辆运动特征可能不但没有贡献还会影响车辆行为分析算法的计算速度和车辆运动行为理解的准确率。为了解决这些问题，国内外许多学者开展了数据筛选领域的研究，使用了主层次分析法、因子分析法、和特征选择法等。特征选择法具有促进数据理解、降低存储需求、增加分类器计算速度等优点[27]，是进行特征提取和数据筛选最有效的方法之一。因此，本书对特征选择算法展开介绍。

图 3.1（a）表示感知系统采集到一系列车辆运动特征，包括纵向加速度、横向加速度、横摆角速度、经度、纬度和方向角等。这些特征中包含车辆运动行为分析不相关或者相互冗余的车辆运动特征，因此如果直接将所有的运动特征输入车辆行为分析算法，不仅可能会导致分析结果错误还会降低算法的计算速度。图 3.1（b）中在采集了一系列的车辆运动特征之后，首先使用特征选择算法筛选出一部分对车辆行为分析具有贡献的车辆运动特征，再将提取出的特征输入到车辆运动行为分析算法，由于车辆运动行为分析算法的输入数据维度的降低，算法的运算速度将得到提升；另外剔除了对行为分析贡献较小的特征，从而使得分析结果的正确性大大提升。例如，需要分析违法占道行为，如果将采集到的全部车辆运动特征输入分析算法，不仅分析结果不准确而且计算时间也会很长。如果在采集到车辆运动特征后，先将所有特征输入到特征选择算法，提取出本车轨迹和周围车辆轨迹对分析违法占道行为具有重要贡献的特征，然后将提取出的特征输入到车辆运动行为分析算法，一方面会提高分析结果的准确率，另一方面也会提升算法的计算效率。因此，车辆运动特征提取是车辆运动行为理解中极其重要的环节，而特征选择算法是实现车辆运动特征提取的有效手段之一。

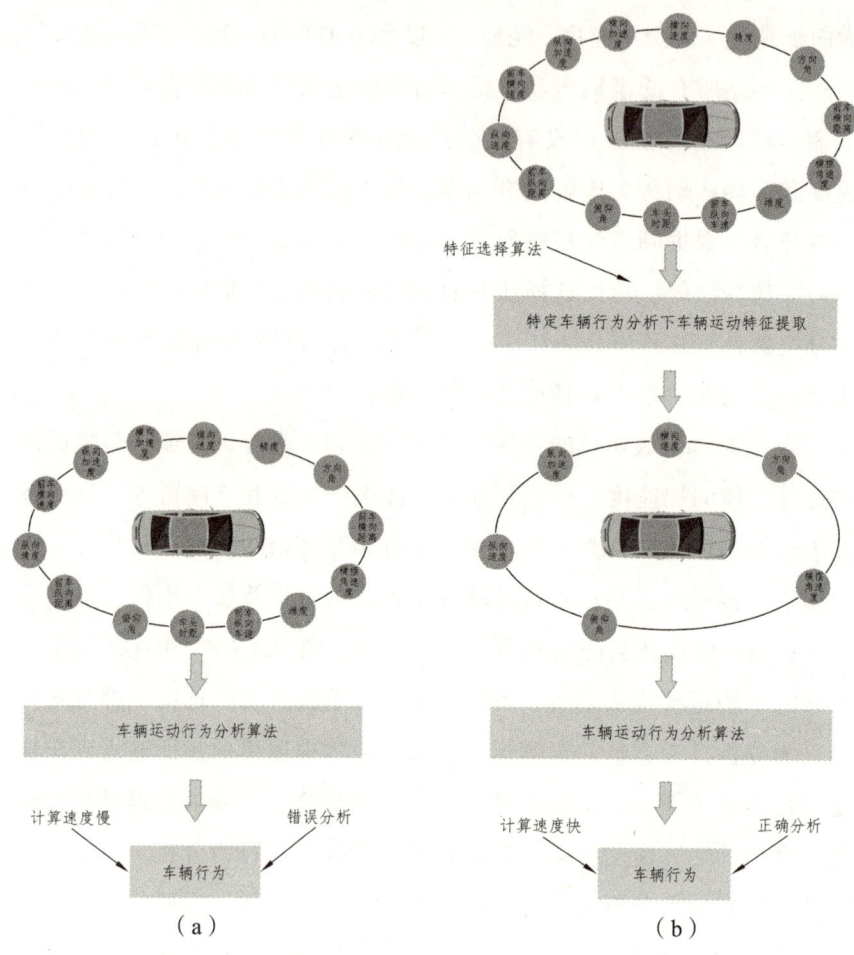

图 3.1 特征选择算法的作用

2. 特征选择算法

特征选择（Feature Selection）起步于 20 世纪 60 年代，随着 90 年代后期计算机技术的快速发展，特征选择的研究也从统计学的角度转向了计算机的领域，并产生了很多特征选择算法。目前，特征选择算法研究者众多，其在计算机视觉、目标识别、车辆运动特征提取等领域都取得了快速发展。特征选择也称特征子集选择（Feature Subset Selection）

或属性选择（Attribute Selection），是指从全部特征中选取一些最具有贡献的特征组成一个特征子集。经过特征选择算法提取出的特征要尽可能的少，选择后的特征子集需要正确识别目标，同时保持或提升预测精度。Dash 等人[28]给出了特征选择的基本框架如图 3.2 所示。

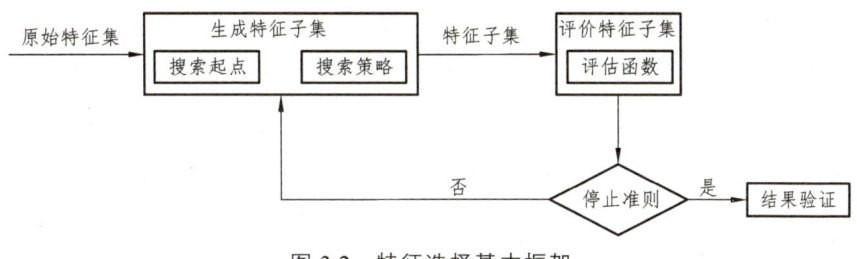

图 3.2 特征选择基本框架

从图中可以看出，特征选择方法主要包括生成特征子集、评价特征子集、停止准则和结果验证[29]。

（1）生成特征子集。

生成特征子集的两大要素是搜索起点和搜索策略，搜索起点指算法开始搜索的状态点，不同的搜索起点对应了不同的搜索方向，搜索起点和搜索方向共同决定了搜索策略。当搜索起点为空集时，进行前向搜索，每次将得分最高的特征加入候选特征子集中，其中，根据评价特征子集中的评价准则打分；当搜索起点是原始特征集时，进行后向搜索，每次从特征子集中删除得分最低的特征；当搜索起点为前后两点时，同时从前后两个方向开始搜索，在搜索过程中，加入 m 个得分高的特征到候选特征子集中，并从中删除 n 个得分较低的特征；当搜索起点随机选择时，采用随机搜索的方式，对特征的增加和删除也采用随机的方式，这种情况下算法有机会从局部最优解中跳出。

搜索策略可以分为全局最优搜索和启发式搜索，启发式搜索又包括序列搜索和随机搜索，它的效率比全局最优搜索高，但通常只能得到局部最优解[30]。全局最优搜索策略能够实现的方法包括穷举法和分支界定法[31]，当特征维度过高时，其特征子集的数量将非常庞大，如原始特征集中包含 1000 个特征，采用穷举法就需要对 2^{1000} 个特征子集进行评估，即使分支定界法的复杂度低于穷举法，对于高维数据的处理仍旧十分困难，显然对于高维数据，不能采用穷举法作为全局最优搜索策略。序列搜索又包括前向搜索、后向搜索和双向搜索三大类，根据搜索起点的不同采用不同的搜索策略。随机搜索策略是指在搜索起点随机选择的情况下采用的搜索策略，该策略随机选择特征，具有很强的不确定性，其优点在于有一定的概率能使算法跳出局部最优，从而获得近似全局最优解。

（2）评价特征子集。

特征子集的评价通常采用评价函数进行评价，评价函数是评价一个特征子集好坏的准则，评价准则的优劣直接影响了所选特征子集的优劣。评价准则包括两种，一种用于衡量单一特征的预测或识别能力，另一种用于衡量某一个特征子集整体的预测或识别能力。现有的评价准则大体可分为相关性评价准则、距离评价准则、信息熵评价准则、一致性评价准则和分类正确率或分类误差率评价准则 5 种。

① 相关性评价准则。

相关性评价准则采用线性相关系数（correlation coefficient）度量候选特征与类的相关度是否高，与其他已选特征的相关度是否低。如式（3.1）所示，评价 X，Y 两个特征间的相关性。

$$R(i) = \frac{\text{cov}(X_i, Y)}{\sqrt{\text{var}(X_i)\text{var}(Y)}} \qquad (3.1)$$

② 距离评价准则。

距离评价准则采用欧氏距离、标准化欧氏距离、马氏距离等距离准则度量候选特征与对贡献度高的已选特征的距离是否小，与贡献度低的未选特征之间的距离是否大。

③ 信息熵评价准则。

信息熵评价准则通过随机变量的熵、两个随机变量间的互信息（MI）以及条件互信息等度量候选特征与类别间的相关性是否高，与其他已选特征间的相关性是否低来进行评价。如式（3.2）表示随机变量 X 的信息熵，式（3.3）表示随机变量 X 和随机变量 Y 的互信息，式（3.4）表示条件互信息，即在给定第 3 个随机变量 Z 的条件下，X 和 Y 间共享的信息量。

$$H(X) = -\sum_{x \in X} p(x) \log p(x) \tag{3.2}$$

$$I(X;Y) = \sum_{x \in X} \sum_{y \in Y} p(xy) \log \frac{p(xy)}{p(x)p(y)} \tag{3.3}$$

$$I(X;Y|Z) = \sum_{z \in Z} p(z) \sum_{x \in X} \sum_{y \in Y} p(xy|z) \log \frac{p(xy|z)}{p(x|z)p(y|z)} \tag{3.4}$$

式中 $x \in X$ 表示了 X 所有可能值的分配；$p(x)$ 为所有 X 值的先验概率；$p(x|y)$ 表示给定 Y 的值下的 X 的后验概率。

④ 一致性评价准则。

假如元素 X 与元素 Y 属于不同的类别，但对于特征 A、B 的值来说是完全相同的，那么特征子集 $\{A, B\}$ 不能被选为特征集。该评价标准根据数据集中不一致的样本数与样本总数的比值来衡量特征的重要性[32]。

⑤ 分类正确率或分类错误率评价准则。

对于分类问题，使用已选特征子集训练分类器，通过分类器的分类正确率或者分类错误率评价特征子集整体性能；对于回归问题，则利用已选特征子集构建回归模型，根据均方根误差等指标衡量已选特征子集整体性能的优劣。

（3）停止准则。

停止准则的设定决定了特征选择达到什么条件时停止搜索，停止准则与所选特征子集的性能密切相关。常见的停止准则包括以下 3 种。

① 执行时间。

设定算法的执行时间，当算法执行时间达到事先设定的时间时强制终止算法的运行并输出结果。

② 评价次数。

通常用于采用随机搜索策略的算法中，设定算法需要运算多少次，即用来规定进行随机搜索的次数。

③ 阈值。

通常指为算法的目标值设定一个评价阈值，比较目标与该阈值来决定算法是否停止。阈值的设定需要对算法的性能有准确清晰的了解，过高的阈值会使算法陷入死循环，而过小的阈值则达不到预定的性能指标[33]。

（4）验证过程。

特征选择结果的验证是指将最终选出的特征子集用于训练分类器，并通过验证分类器的性能以验证所选特征子集的整体性能，需要保证所选特征子集能够使得分类精度或预测精度有所上升或保持不变，达到此性能的所选特征子集就可以代替原始特征集来提升后续算法的计算效率。

由于通过搜索策略进行子集搜索效率较低，有学者基于特征与类别间的相关性和特征间的冗余性进行分析，提出了另一种特征选择学习框架，避免了传统特征选择方法中的子集搜索，可以更高效地得到最优特征子集，如图 3.3 所示。

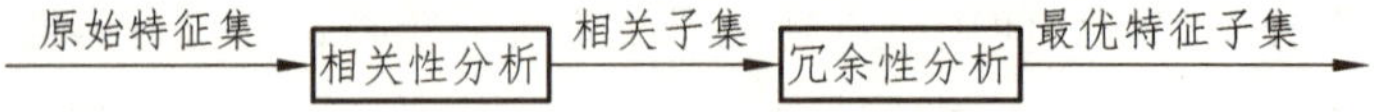

原始特征集 → 相关性分析 → 相关子集 → 冗余性分析 → 最优特征子集

图 3.3　改进的特征选择算法框架

3. 特征选择算法的分类

根据不同的分类标准，特征选择算法有多种不同的分类方式。按有无类别特征，特征选择算法可分为有监督特征选择和无监督特征选择；按不同的搜索策略，特征选择算法可分为基于全局最优搜索的特征选择、基于序列搜索的特征选择和基于随机搜索的特征选择；按不同的评价准则，特征选择算法可分为相关性评价、距离评价、信息熵评价、一致性评价和分类正确率或分类误差率评价准则特征选择算法；按特征选择和学习器的结合方式，特征选择算法可分为 3 种，Wrapper 型、Filter 型和 Embedded 型。目前主流的分类为 Wrapper 型、Filter 型和 Embedded 型特征选择算法。

（1）Wrapper 型特征选择算法。

Wrapper 型特征选择算法将特征选择过程与其他学习算法结合，采用的搜索策略选择若干特征或者排除若干特征，根据目标函数（通常是预测效果评分）评价所选特征子集的优劣进而通过搜索策略调整所选特征子集，最终获得一个最优特征子集，其框架如图 3.4 所示。

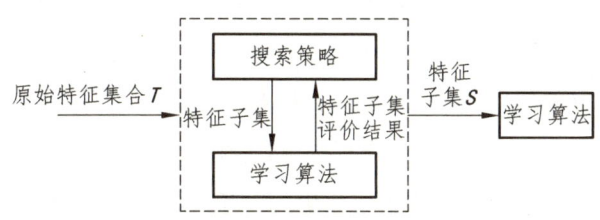

图 3.4　Wrapper 型特征选择算法框架[30]

图 3.4 中学习算法主要用来评价特征子集性能的优劣，在分类问题中学习算法可选用支持向量机、k 最近邻居等算法；在回归问题中学习算法可以是最小二乘回归、线性回归等算法。由于该类算法依赖于某种特定的学习算法实现，其性能通常受到学习算法的影响，而且每一个候选的特征子集都需要训练和测试，所以采用该类算法需要花费更多的时间。

（2）Embedded 型特征选择算法。

Embedded 型特征选择算法通常先使用某些学习算法和模型进行训练，得到各个特征的权值系数，然后根据系数从大到小选择特征。其评价准则常采用分类正确率或分类错误率评价准则，该类算法没有统一的框架结构，不同的算法具有不同的框架。而分类决策树是一种经典的

Embedded 型特征选择算法，包括 ID3[34]、C4.5[35]、CART[36]等算法，其特征结构如图 3.5 所示。该类算法比 Wrapper 型特征选择算法速度更快。

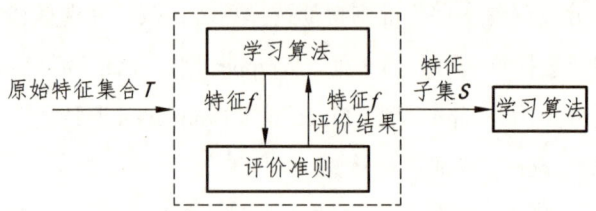

图 3.5　分类决策树的特征选择框架[30]

（3）Filter 型特征选择算法。

Filter 型特征选择算法不依赖于任何学习算法，而是依靠特定的评价准则，如 Fisher 分值[37]、卡方检验[38]、互信息（mutual information）[39-41]、对称不确定性度量（Symmetrical Uncertainty）[42]进行特征选择。常采用的评价准则主要包括相关性评价准则、距离评价准则、信息熵评价准则和一致性评价准则等。该类特征选择算法具有较快的运算速度和较好的效果。

Filter 型特征选择算法按照评价的对象的不同可以分为特征排序算法和特征子集选择算法。特征排序算法是目前研究中使用最广泛的一类算法，该算法每次评价一个特征，采用某一种特定的评价准则对所有候选特征进行打分，并按照打分结果对所有特征排序。得分越高（排序越靠前）的特征被认为是具有强分类能力的特征，该类算法仅给出所有特征的排序，在实际应用中可选择不同数量特征实现特征的选择。该类算法的框架如图 3.6 所示，其流程如图 3.7 所示。

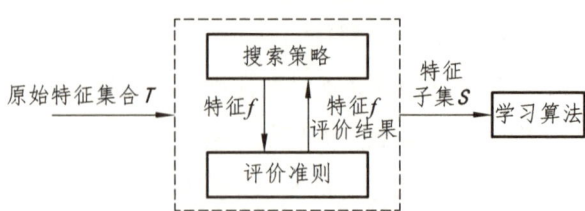

图 3.6　基于特征排序的 Filter 型特征选择算法框架[30]

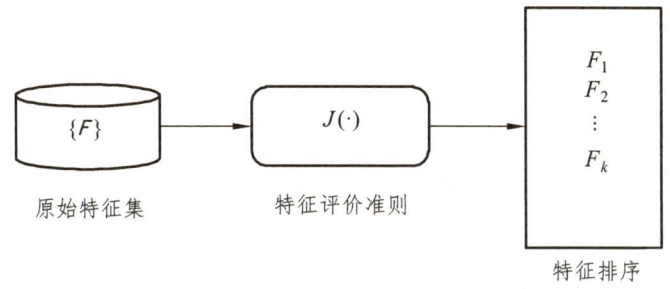

图 3.7 特征排序算法流程

执行效率高是特征排序算法的最大优势，但是该算法不考虑排序后输出特征的个数，人为选择特征数量是该类算法的缺点。因此，Filter 型算法中特征子集选择方法也是研究热点之一。该类算法在度量特征与类的相关性的同时也度量特征与已选特征之间的冗余性，进而寻求最优的 m 个特征。因此，该类算法中选择最优特征子集问题也可认为是一个组合优化问题。在 20 世纪 90 年代，学者 Amaldi 和 Kann 证明了在指定的特征集合中，选择出最优组合的特征子集是一个 NP-hard 问题[43]。

在给定特征集 F 的情况下，通常采用前面章节描述的几种搜索策略去搜寻最优特征子集，此时 Filter 型特征选择算法的框架如图 3.8 所示。序列搜索策略是使用最为广泛的策略，可以分为前向/后向搜索、浮动顺序搜索等，其缺点是容易过早得到局部最优。为此，在随机搜索策略中为了避免陷入局部最优，通常将一些随机性的因素融合在搜索过程中。

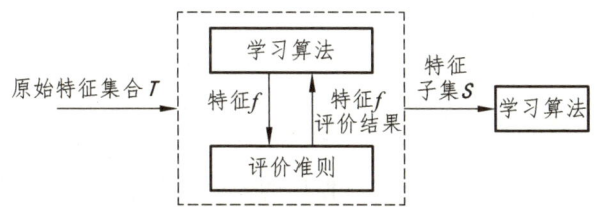

图 3.8 基于特征子集选择的 Filter 型特征选择算法框架[30]

依据特征与类之间的相关性和特征与特征之间的冗余性，把特征子集的选择方法分为相关性与冗余性综合度量的特征子集选择方法和相关性与冗余性分别度量的方法。

综合评价特征子集选择的方法是综合评价候选特征子集与类标签集的相关性和已选特征之间的冗余性，输出评价最高的特征子集，其基本流程如图3.9所示。Hall等在2000年提出了一种典型的综合评价特征子集选择方法Correlation based Feature Selection（CFS）[44]。该算法评价特征的准则是特征内-特征间复合相关性度量cor，CFS算法必须与搜索策略结合才能使用。利用Conditional Mutual Information Maximin（CMIM）准则搜索最优特征子集方法是一个典型的综合评价特征选择方法[45]。

图3.9 基于综合评价的特征子集搜索流程

分别评价的特征子集选择方法是对候选特征子集与类标签集的相关性和已选特征之间的冗余性分别评价，该类方法的流程如图3.10所示。

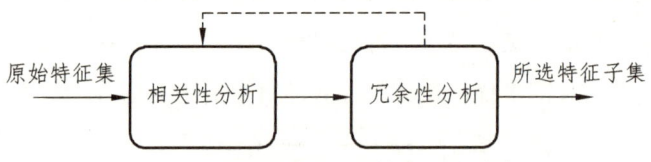

图3.10 基于两阶段评价的特征子集搜索流程

3.1.2 基于冗余互补的运动特征提取算法

在特征选择算法中，最广泛使用的评价准则是熵、互信息和条件互信息。因此本书选择该评价准则度量分析车辆运动特征与类别间的相关性的冗余性和互补性并进行车辆运动特征的提取。首先介绍信息熵评价准则中的信息论度量。

1. 熵、互信息和条件互信息

信息熵是最基本的信息度量，如果 $X = \{X_1,\cdots,X_n\}$ 是一组有限离散型随机变量集，那么随机变量 X 的信息熵（information entropy）如式（3.5）所示。

$$H(X) = -\sum_{x \in X} p(x) \log p(x) \tag{3.5}$$

式中 $x \in X$ 是可能的值；$p(x)$ 是 x 出现的概率分布；log 表示以 2 为底的取对数运算。

如果有两组有限离散型随机变量集 $X = \{X_1,\cdots,X_n\}$ 和 $Y = \{Y_1,\cdots,Y_n\}$，X 的条件信息熵的值表示了在给定 Y 情况下，X 的不确定程度。X 的条件信息熵定义如式（3.6）所示。

$$\begin{aligned} H(X|Y) &= -\sum_{y \in Y} \sum_{x \in X} p(xy) \log p(x|y) \\ &= -\sum_{y \in Y} p(y) \sum_{x \in X} p(xy) \log p(x|y) \end{aligned} \tag{3.6}$$

可以看出信息熵和条件信息熵存在如下述公式所示的关系：

$$H(X,Y) = H(X) + H(Y|X) \tag{3.7}$$

$$H(X,Y|Z) = H(X|Z) + H(Y|X,Z) \tag{3.8}$$

互信息（Mutual Information，MI）代表两个随机变量集之间的相关性程度。对于随机变量集 X 和 Y，可以把互信息看成由于知道 y 值而造成的 x 的不确定性的减小（即 Y 的值透露了多少关于 X 的信息量）互信息越大，说明两个随机变量集越相关，其互信息如式（3.9）所示。

$$I(X;Y) = \sum_{x \in X} \sum_{y \in Y} p(xy) \log \frac{p(xy)}{p(x)p(y)} \tag{3.9}$$

显而易见，如果 X 和 Y 是相互独立，那么 $I(X;Y) = 0$。另外，MI 是一个对称的度量，也就是说 $I(X;Y) = I(Y;X)$。

条件互信息（Conditional Mutual Information，CMI）是 MI 的扩展，令 Z 为一个有限离散型随机变量集合，那么在给定 Z 时 X、Y 之间的条件互信息定义如式（3.10）所示。

$$I(X;Y|Z) = \sum_{z \in Z} p(z) \sum_{x \in X} \sum_{y \in Y} p(xy|z) \log \frac{p(xy|z)}{p(x|z)p(y|z)} \quad (3.10)$$

互信息与条件互信息两者做差可以量化引入辅助变量 Z 以后，对 X 和 Y 的独立性产生的影响。另外，条件互信息 $I(X;Y|Z)$ 是度量在 Z 给定的情况下，X 与 Y 之间存在的相关性。如果 $I(X;Y|Z) = 0$，那么说明在给定 Z 的情况下，X 与 Y 相互独立。假如 $I(X;Y|Z)$ 的值较大，那么说明在给定 Z 的情况下 X 与 Y 之间的相关性较强。

MI 和 CMI 均可用信息熵进行描述，如式（3.11）和式（3.12）所示。

$$I(X;Y) = H(X) - H(X|Y)$$
$$I(X;Y|Z) = H(X|Z) - H(Y|X,Z) \quad (3.11)$$

2. 相关性、冗余性和互补性分析

采用信息熵评价准则的基本原理是候选特征与类的互信息越大，表明该候选特征具有潜在较强的分类能力，该候选特征应被选择。其准则形式如式（3.12）所示。

$$J(F) = I(F;C) \quad (3.12)$$

式中　$J(\cdot)$ 表示评价标准；F 表示候选特征；C 表示类别。

根据式（3.12），选择前 m 个最大 $J(\cdot)$ 值的候选特征，m 是提前设定的个数或终止条件设定的个数。事实上，这个评价准则是假定每个特征之间是相互独立的，在这个条件下才保证了该评价准则具有比较高的有效性。但是，在实际中，所有特征都相互独立的假设要求太高，造成评价标准即式（3.12）不能得到最佳效果。也就是说，具有较大分类贡献的特征可能与其他特征间存在冗余性。为了评价特征间的冗余性，mRMR 给出了基本的计算形式如式（3.13）所示。

$$J(F) = D(F) - R(F) \quad (3.13)$$

式中 $D(F)$ 表示了特征 F 和类别 C 之间的相关性；$D(F)$ 代表了特征 F 与已选特征子集 S 中所选特征之间的冗余；$D(F)$ 和 $R(F)$ 都采用互信息计算。

mRMR 评价准则能有效发现与类具有较高相关性并且与已选特征子集 S 中的特征存在较强依赖性的特征。但是，冗余性不仅仅指特征与已选特征具有高依赖性，也指特征可以被已选特征取代。从这个角度讲，仅仅考虑特征的依赖性是不足以有效的鉴别特征的冗余性。两个特征是相关的不一定说明这两个特征是冗余的，换句话说，可能存在一个特征是依赖于另一个特征的互补关系。因此，采用式（3.14）建立特征间互补性的度量准则。

$$J(F) = D(F) - [R(F) - M(F)] \tag{3.14}$$

$M(F)$ 是标识特征 F 和已选特征子集 S 之间的互补性的项，同样，$D(F)$，$R(F)$，$M(F)$ 都采用互信息计算，$R(F)$ 可以表示为 $\sum_{F_s \in S} I(F; F_s)$，因此 $M(F)$ 可以表示为 $\sum_{F_s \in S} I(F; F_s | C)$。$R(F)$ 和 $M(F)$ 的关系可以表示如下：

$$\begin{aligned}
R(F) - M(F) &= I(F; F_s) - I(F; F_s | C) \\
&= \sum_{f_s \in F_s} \sum_{f \in F} p(ff_s) \log \frac{p(ff_s)}{p(f)p(f_s)} - \\
&\quad \sum_{c \in C} p(c) \sum_{f_s \in F_s} \sum_{f \in F} p[(ff_s | c)] \log \frac{p(ff_s | c)}{p(f | c)p(f_s | c)} \\
&= \sum_{c \in C} \sum_{f \in F} \sum_{f_s \in F_s} p(ff_s c) \log \left[\frac{p(ff_s)}{p(f)p(f_s)} \cdot \frac{p(ff_s | c)}{p(f | c)p(f_s | c)} \right] \\
&= \sum_{c \in C} \sum_{f \in F} \sum_{f_s \in F_s} p(ff_s c) \log \frac{p(ff_s)p(f_c)p(f_s c)}{p(f)p(f_s)p(c)p(ff_s c)} \\
&= \sum_{c \in C} \sum_{f \in F} \sum_{f_s \in F_s} p(ff_s c) \log \left[\frac{p(fc)}{p(f)p(c)} \cdot \frac{p(ff_s)p(f_s c)}{p(f_s)p(ff_s c)} \right] \\
&= \sum_{f \in F} \sum_{c \in C} p(fc) \log \frac{p(f_c)}{p(f)p(c)} \\
&\quad - \sum_{f_s \in F_s} \sum_{f \in F} \sum_{c \in C} p(ff_s c) \log \frac{p(fc | f_s)}{p(f | f_s)p(c | f_s)} \\
&= I(F; C) - I(F; C | F_s)
\end{aligned}$$

$$\tag{3.15}$$

根据互信息和条件互信息的定义，如果 $I(F;C)$ 比 $I(F;C|F_s)$ 大得多，那么在给定 F_s 的信息后，F 与 C 类之间的相关性将变得非常弱。换句话说，F 对 F_s 是多余的。相反，如果 $I(F;C)$ 远小于 $I(F;C|F_s)$，则在给定 F_s 的信息后，F 与 C 类之间的相关性将变得非常强即 F 与 F_s 互补。因此，$R(F)-M(F)$ 可以用于同时测量特征间的冗余和互补：当 $R(F)-M(F)>0$ 时，它表示 F 和 F_s 之间的冗余性；当 $R(F)-M(F)<0$ 时，它表示 F 和 F_s 之间的互补性。采用互信息可以将该评价准则表示为式（3.16）的形式。

$$J(\cdot) = I(F;C) - \text{Pair}_{\text{cor}}(F;S)$$
$$= I(F;C) - \sum_{F_s \in S} I(F;F_s) - I(F;F_s|C) \qquad (3.16)$$

定义 $\text{cor}(F;F_s) = I(F;F_s) - (F;F_s|C)$，那么 $\text{Pair}_{\text{cor}}(F;S)$ 可以表示为 $\sum_{F_s \in S} \text{cor}(F;F_s)$。尽管式（3.16）能同时测量特征间的冗余和互补关系，但它依然是两两特征之间的度量准则，因为它仅捕获两个特征之间的关系。一些文献中称度量准则仅仅考虑两两特征之间的关系为一阶近似。

3. 冗余性-互补性散度分析

一阶近似是一种常用的度量方法，它选择最佳的策略保证算法的执行效率和所选择特征的高质量。但是因为一阶近似的方法只能鉴别成对特征之间的关系，不能鉴别多个特征之间的关系，这就使得采用一阶近似的方法去鉴别特征之间的群组效应或互补关系达不到最优的效果。这是因为真正的冗余特征可能被错误选入特征集[False Positives（FPs），假正特征]，定义真正的有显著能力的特征为真正特征（True Positives，TPs）。

在特征选择过程中，仅仅考虑成对特征关系的评价准则，可能给 FPs 机会干扰评价候选特征。假设所选特征子集中已经包含了 FPs，候选特征与每个 FPs 之间的成对关系是一个干扰，因此在干扰的情况下候选特征的 $J(\cdot)$ 值存在偏差。重新定义每个候选特征与已选特征之间的相互关系为 $\text{cor}(F; F_s)$（这里 $F_s \in S$ 是已选特征子集），那么 $\text{Pair}_{\text{cor}}(F; S) = \sum_{F_s \in S} \text{cor}(F; F_s)$。FPs 的影响可以分为两种情况，图 3.11 和图 3.12 分别对这两个情况进行描述，图中浅色的点代表候选特征，深色的点代表 FPs，较深的点代表 TPs。浅色的点和任何一点的距离是代表两个特征之间的相互关系，短距离描述为特征之间是互补关系，长距离描述为特征之间是冗余关系。

场景 1 FPs 接近候选特征。如图 3.11 所示，许多 TPs 远离候选特征，这意味着候选特征与 FPs 更多可能是冗余关系而不是互补关系[这符合式（3.15）是正值]。但是，因为 FPs 非常接近候选特征，候选特征被认为与 FPs 之间存在互补关系，那么相对应的 cor 值趋向于负值。在这种情况下，FPs 造成候选特征具有互补关系严重影响了 $\text{Pair}_{\text{cor}}(F; S)$ 的计算值，使得候选特征被过高的估计。

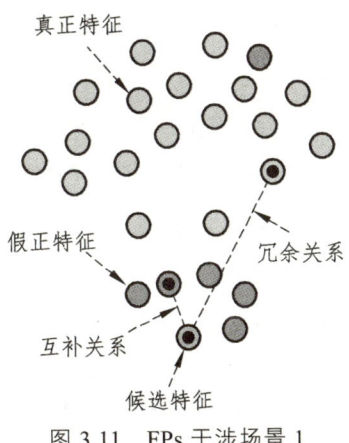

图 3.11　FPs 干涉场景 1

场景 2 FPs 远离候选特征。如图 3.12 所示，许多 TPs 是接近候选特征，这说明候选特征 TPs 之间存在互补关系，候选特征是具有较强分类能力的特征。但是候选特征与 FPs 之间存在冗余关系，使得相应的 cor

值趋向于正值。这影响了 $\text{Pair}_{\text{cor}}(F;S)$ 的计算值,会过低地度量候选特征的分类能力。

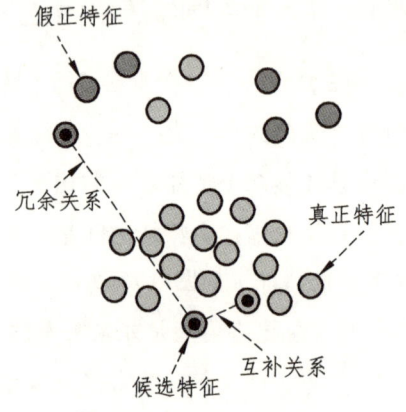

图 3.12　FPs 干涉场景 2

事实上,上面两种情况描述的是 FPs 干涉对于不同候选特征的影响。FPs 的干涉程度决定于候选特征与已选特征的散度,在确定的 $\text{Pair}_{\text{cor}}(F;S)$ 值下,如果候选特征 F 与已选特征子集 S 中的 FPs 之间是互补关系,那么相应的 cor 是较大的负值。这导致候选特征 F 与已选特征子集 S 中的 TPs 更可能是冗余关系,那么相应的 cor 具有较大的正值,反之亦然。我们定义这种相异关系为冗余-互补散度。因此为了鉴定 FPs 的干涉作用,采用 cor 的标准方差衡量散度(标准方差是反映不稳定程度的最好指标)。$\sigma(F;S)$ 的值越小说明 FPs 的干涉作用越小。$\sigma(F;S)$ 的计算公式如式(3.17)所示。

$$\sigma(F;S) = \left\{ \frac{\sum_{F_s \in S}[\text{cor}(F;F_s) - \mu(F;S)^2]}{|S|} \right\}^{\frac{1}{2}} \quad (3.17)$$

式中　$\mu(F;S)$ 是 $\text{cor}(F;F_s)$ 的平均值,如式(3.18)所示。

$$\mu(F;S) = \frac{\text{Pair}_{\text{cor}}(F;S)}{|S|} \quad (3.18)$$

因此，越小的 $\sigma(\boldsymbol{F};\boldsymbol{S})$ 值表示 FPs 的干涉作用越小。本书试图选择优秀的候选特征，使其不仅与已选择特征具有低的冗余性、高的互补性而且还有较小的冗余-互补散度。为了实现这个目的，使用 $\sigma(\boldsymbol{F};\boldsymbol{S})$ 修正 $\text{Pair}_{\text{cor}}(\boldsymbol{F};\boldsymbol{S})$ 的值，建立了新的度量评估标准如式（3.19）所示。

$$J_{\text{RCD}} = D(\boldsymbol{F};\boldsymbol{C}) - \varnothing(\boldsymbol{F};\boldsymbol{S}) \cdot \text{Pair}_{\text{cor}}(\boldsymbol{F};\boldsymbol{S}) \tag{3.19}$$

式中

$$\varnothing(\boldsymbol{F};\boldsymbol{S}) \begin{cases} 1+\sigma(\boldsymbol{F};\boldsymbol{S}) & \text{Pair}_{\text{cor}}(\boldsymbol{F};\boldsymbol{S}) \geqslant 0 \\ 1-\sigma(\boldsymbol{F};\boldsymbol{S}) & \text{Pair}_{\text{cor}}(\boldsymbol{F};\boldsymbol{S}) < 0 \end{cases} \tag{3.20}$$

$\varnothing(\boldsymbol{F};\boldsymbol{S})$ 是分段函数，为了减小 $\sigma(\boldsymbol{F};\boldsymbol{S})$ 的评估偏见，尤其是在已选特征很少的时候，用 $1+\sigma(\boldsymbol{F};\boldsymbol{S})$ 或 $1-\sigma(\boldsymbol{F};\boldsymbol{S})$ 代替 $\sigma(\boldsymbol{F};\boldsymbol{S})$ 或 $-\sigma(\boldsymbol{F};\boldsymbol{S})$。

4. 基于冗余-互补散度特征选择方法

基于以上的分析，使用冗余-互补散度的特征选择方法进行车辆运动特征的提取，其结构框架如图 3.13 所示。不同于传统的特征选择方法，这种冗余-互补散度的特征选择方法不仅考虑类相关性、成对特征之间的内部关系，也考虑特征之间冗余-互补散度的影响。类似于很多特征选择方法，该方法也采用有序地向前搜索策略，也就是说一次选择过程仅分析一个候选特征。

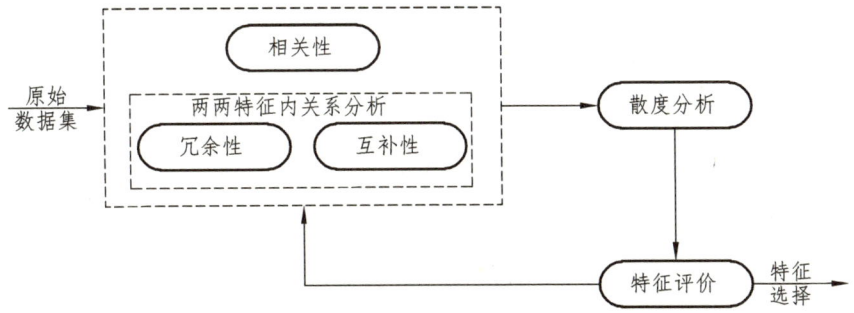

图 3.13 基于冗余-互补散度的特征选择算法流程

根据上述评估标准建立的基于冗余-互补散度的特征提取算法的伪代码如下所示。

算法 3.1 基于冗余-互补散度的特征选择算法（Redundancy-Complementariness Dispersion-based Feature Selection algorithm，RCDFS）

输入： 数据集 D，特征全集 F，类 C 和所选特征数 δ

输出： 所选特征子集 S

1 初始化 $S = \varnothing$，$k = 1$
2 重复
3 foreach $F \in \boldsymbol{F}$ do
4 类别相关性 Relevance $= I(F;C)$
5 特征间相关性 $\text{Pair}_{\text{cor}} = 0$
6 foreach $F_s \in \boldsymbol{F}$ do
7 $\text{cor} = I(F;F_s) - I(F;F_s|C)$
8 $\text{Pair}_{\text{cor}} = \text{Pair}_{\text{cor}} + \text{cor}$
9 end
10 计算 $\sigma(F;S)$
11 If $\text{Pair}_{\text{cor}}(F;S) \geqslant 0$
12 $\varnothing = 1 + \sigma(F;S)$
13 else
14 $\varnothing = 1 - \sigma(F;S)$
15 end
16 $J(F) = \text{Relevance} - \varnothing \cdot \text{Pair}_{\text{cor}}(F;S)$
17 end
18 $S = S \cup \{\tilde{F}\}$，$\tilde{F} = \arg\max_{F \in \boldsymbol{F}} J(F)$
19 $\boldsymbol{F} = \boldsymbol{F} - \tilde{F}$
20 $k = k + 1$

21	终止 $k \geq \delta$
22	返回 S

对该算法的复杂性分析如下：

算法 3.1 包含一个重复循环和两个 for 循环和一个计算 $\sigma(\boldsymbol{F};\boldsymbol{S})$ 的过程，算法的最低复杂度为 $O(\delta \cdot |F|^2)$，δ 是预先设定的特征选择个数。其中，用于计算（条件）互信息的复杂度为 $O(|D|+r)$，则算法的最低复杂度为 $O[\delta \cdot (|D|+r) \cdot |F|^2]$，其中 $|D|$ 为数据集中样本的个数，$r = \max\limits_{F \in F} |F|$（$|F|$ 是特征值个数）。因为每次迭代仅选一个特征在遍历计算 $\boldsymbol{F}_s \in \boldsymbol{S}$，那么在下次计算时仅仅需要知道改变量而不需要重新计算一遍全部的 $\boldsymbol{S}$。在计算 $\sigma(\boldsymbol{F};\boldsymbol{S})$ 时，应用另外一个公式计算方差：$\mathrm{Var}(\boldsymbol{X}) = E(\boldsymbol{X}^2) - E^2(\boldsymbol{X})$。那么 $\sigma(\boldsymbol{F};\boldsymbol{S})$ 可表示为如式（3.21）的形式。

$$\sigma(F;S) = \left(\frac{P - \frac{Q^2}{|S|}}{|S|}\right)^{\frac{1}{2}} \qquad (3.21)$$

其中，P 是用来记录 cor^2 的和，Q 是用来记录 cor 的和。基于以上的计算，对算法 1 进行改进，可以得到快速计算的算法 3.2。

算法 3.2 快速计算基于冗余-互补散度的特征选择算法

输入：	数据集 D，特征全集 F，类 C 和所选特征数 δ
输出：	所选特征子集 S
1	初始化 $S = \varnothing$，$F_{new} = \varnothing$，$\Delta F = 0 (\forall F \in F)$，$\mathrm{Pair}_{cor}(F) = 0 (\forall F \in F)$，$k = 0$
2	foreach $F \in F$ do
3	类别相关性 Relevance $= I(F;C)$
4	end
5	$F_{new} = \tilde{F}$ 满足 $\tilde{F} = \arg\max\limits_{F \in F} \mathrm{Relevance}(F)$
6	$S = S \cup \{F_{new}\}$

7 $F = F - \{F_{new}\}$

8 $k = k + 1$

9 重复

10 foreach $F_s \in F$ do

11 Relevance $= I(F; C)$

12 cor $= I(F; F_s) - I(F; F_s \mid C)$

13 $\Delta F = \Delta F + \text{cor}^2$

14 $\text{Pair}_{cor}(F) = \text{Pair}_{cor}(F) + \text{cor}$

15 $\sigma(F; S) = \left(\dfrac{\Delta F - \dfrac{\text{Pair}_{cor}(F)}{|S|}}{|S|} \right)^{\frac{1}{2}}$

16 If $\text{Pair}_{cor}(F; S) \geqslant 0$

17 $\varnothing = 1 + \sigma(F; S)$

18 else

19 $\varnothing = 1 - \sigma(F; S)$

20 end

21 $J(F) = \text{Relevance} - \varnothing \cdot \text{Pair}_{cor}(F; S)$

22 end

23 $F_{new} = \tilde{F}$ 满足 $\tilde{F} = \arg\max\limits_{F \in F}(F)$

24 $S = S \cup \{F_{new}\}$

25 $F = F - \{F_{new}\}$

26 $k = k + 1$

27 终止 $k \geqslant \delta$

28 返回 S

算法 3.2 的计算复杂度为 $O(\delta \cdot |F|^2)$，因此最低的算法复杂度为 $O(\delta \cdot (|D| + r) \cdot F)$。

3.2 车辆运动轨迹表征方法

车辆运动轨迹是目标运动轨迹的一种,本节先介绍常用的目标运动轨迹表征方法,然后通过车辆运动轨迹数据集在这几种方法结果中对比出在车辆运动轨迹中表征效果较好的方法。

3.2.1 常用的目标运动轨迹表征方法

目标运动轨迹的表征方法主要包括基于轨迹分量的表征方法和基于曲线逼近的表征方法。这两种表征方法在数据的输入上有很大的不同,前者直接使用目标的位置、速度或加速度等信息形成序列去描述目标的运动轨迹;后者主要采用目标的轨迹形状和轨迹方向等信息直接地表征目标的运动轨迹。其中,在轨迹信息不完整的情况下,基于曲线逼近的表征方法具有更好的健壮性,并且使用这种方法可以获得固定长度的轨迹向量,因此在车辆运动轨迹的表征中,使用曲线逼近的方法会有更好的效果。在这类方法中,比较典型的有 Haar 小波系数法[46,47]、Discrete Fourier Transform(DFS)变换法[48]、Cheybyshev 多项式系数法[48]乘 B 样条曲线逼近法(LCSCA)[49]。

1. Haar 小波系数法

小波变换的基本思想是用一组小波函数或者基函数表示一个函数或者信号。Haar 小波基函数定义在[0,1]上,其尺度函数为 $\rho(x)$,小波函数为 $\varphi_{i,n}(x)$,如果给定以轨迹序列为 $\boldsymbol{T}=[x_1,\cdots,x_N]$,其中 N 是轨迹点个数,如果 N 不是 2 的整数倍,那么将使用插值的方法让轨迹点个数满足是 2 的整数倍。其计算公式如下:

$$\rho(x)=\begin{cases}1, & 0\leqslant x<1\\0, & 其余\end{cases} \quad (3.22)$$

$$\varphi_{i,n}(x) = 2^{\frac{1}{2}} \varphi(2^i x - n), \quad \varphi(s) \begin{cases} 1, & 0 \leqslant x < \frac{1}{2} \\ -1, & \frac{1}{2} \leqslant x < 1 \\ 0, & 其余 \end{cases} \quad (3.23)$$

$$\alpha = \frac{1}{N} \sum_{i=1}^{n} \rho(x_i) \cdot x_i \quad (3.24)$$

$$\beta_{i,n} = \frac{1}{N} \sum_{i=1}^{n} \varphi_{i,n}(x_i) \cdot x_i \quad (3.25)$$

$$C = [\alpha, \beta_{0,0}, \cdots, \beta_{J-1, 2^{J-1}}] \quad (3.26)$$

2. DFS 变换法

傅立叶变换表示能将满足一定条件的某个函数表示成三角函数（正弦和/或余弦函数）或者它们的积分的线性组合。在不同的研究领域，傅立叶变换具有多种不同的变体形式，如连续傅立叶变换和离散傅立叶变换。DFS 方法就是离散傅立叶变换，是傅立叶变换在时域和频域上都呈离散的形式，它将信号的时域采样变换为其离散时间傅立叶变换的频域采样。在形式上，变换两端（时域和频域上）的序列是有限长的，而实际上这两组序列都应当被认为是离散周期信号的主值序列。即使对有限长的离散信号做 DFS，也应当将其看作其周期延拓的变换。

在目标运动轨迹的表征中，DFS 方法是把一个空间内的一组数据转换为另一个空间内的一组数据，如果给定轨迹序列为 $T = [x_1, \cdots, x_N]$，N 是轨迹点个数，那么通过 DFS 变换可表示为 $2M - 1$ 维向量[其中 $R(z)$ 和 $⅂(z)$ 为 z 原始量级和转换的量级]该方法计算公式如下：

$$F_k(x) = \frac{1}{N} \sum_{n=1}^{N} x_n \exp\left[-\frac{2\pi i(k-1)(n-1)}{N}\right] \quad (3.27)$$

$$C = \{R[F_1(x)], R[F_2(x)], ⅂[F_2(x)], \cdots, R[F_M(x)], ⅂[F_M(x)]\} \quad (3.28)$$

3. Cheybyshev 多项式系数法

该方法是利用切比雪夫多项式完成连续函数的逼近，切比雪夫多项式的系数为表示轨迹点的序列，其计算公式如下：

$$P_n(x) = \cos[n\arccos(x)] \tag{3.29}$$

$$c_0 = \frac{1}{N}\sum_{k=0}^{N-1} x_{0,k} \cdot P_0(s_{0,k}) \tag{3.30}$$

$$c_{j>0} = \frac{2}{N}\sum_{k=0}^{N-1} x_{0,k} \cdot P_j(s_{0,k}) \tag{3.31}$$

式中 $s_{0,k} = \cos\left[\frac{1}{M}\pi\left(k+\frac{1}{2}\right)\right]$。

4. 最小二乘 B 样条曲线逼近法

Gordon 和 Rieenfeld 在贝兹尔曲线的基础上研究出 B 样条曲线方法。B 样条曲线不仅具有贝兹尔曲线的所有优势，也弥补了贝兹尔曲线不能局部修改的不足，因此，B 样条曲线具有更大、更广的应用价值。B 样条基函数也叫作基本样条，是在样条函数空间中最小的支撑基，其具有积分、递推和卷积等比较多的定义形式。一般 B 样条曲线定义为：如果 $B_0, B_1, B_2, \cdots, B_n (n>j)$ 是给定空间上的 $n+1$ 个点，则参数曲线 $B_x = \sum_{i=0}^{n} B_i N_{i,j}(x)(x_{i-1} \leqslant x \leqslant x_{i+1})$ 是 j 阶 B 样条曲线，其中 $B_0, B_1, B_2, \cdots, B_n$ 为 $B(x)$ 的控制顶点，$N_{i,j}(x)$ 为基函数，由 Deboor-Cox 递推公式求得。Deboor-Cox[50,51]递推公式定义的 B 样条基函数形式如下：

$$B_{i,0}(x) = \begin{cases} 1, & x_i \leqslant x \leqslant x_{i+1} \\ 0, & \text{其余} \end{cases} \tag{3.32}$$

$$B_{i,j}(x) = \frac{x-x_i}{x_{i+j}-x_i}B_{i,j-1}(x) + \frac{x_{i+j}-x}{x_{i+j+1}-x_{i+1}}B_{i+1,j-1}(x) \tag{3.33}$$

式中 $B_{i,j}(x)$ 为 B 样条基函数；$x \leqslant x_{i+1}(i=0,1,\cdots), \frac{0}{0}=0$。

Deboor-Cox 递推公式定义可用图 3.14 表示。

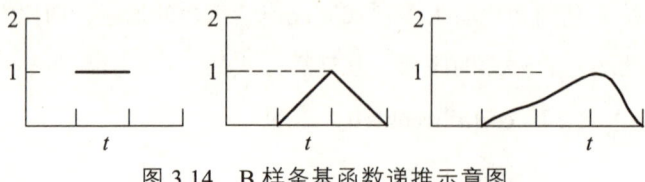

图 3.14　B 样条基函数递推示意图

使用样条函数时，经常使用简单的函数去代表复杂的函数，如使用插值法，其原则是尽量保证插值点为零误差。在实际的应用中，尽管没有指定插值点处为零误差，但也会对误差的范围进行限制，这也就是函数逼近。如函数 $f(x)$ 是属于一类形式和计算复杂的函数 A，要求在一类简单的函数 B 中求得函数 $f_1(x)$，让 $f_1(x)$ 与 $f(x)$ 之间的误差在某种意义上最小。函数 A 为在区间 $[a,b]$ 上的连续函数，那么区间 $[a,b]$ 为函数逼近空间。函数 B 一般为多项式或分段函数等，在逼近空间中，如果 $f(x) \in [a,b]$，那么可以定义如下函数范数：

$$\|f\|_\infty = \max_{a \leqslant x \leqslant b} |f(x)| \qquad (\infty - 范数)$$

$$\|f\|_1 = \int_a^b |f(x)| \mathrm{d}x \qquad (1 - 范数)$$

$$\|f\|_2 = \left[\int_a^b |f(x)| \mathrm{d}x\right]^{\frac{1}{2}} \qquad (2 - 范数)$$

由魏尔斯特拉斯定理可知，对于任意的 $\varepsilon > 0$，都在区间 $[a,b]$ 可求出一个函数 $f_1(x)$，满足

$$\|f(x) - f_1(x)\|_\infty < \varepsilon \qquad (3.34)$$

最小二乘 B 样条曲线逼近法（LCSCA）是在 B 样条基函数、一般 B 样条和函数逼近理论基础上，使用 B 样条函数对曲线逼近的方法。在计算过程中使用 Deboor-Cox[71-73] 递推公式求解控制点系数，其计算过程见表 3.1。

表 3.1　计算过程

序号	步骤	内容
1	输入	原始轨迹 $\{(x_1,y_1),(x_2,y_2),\cdots,(x_N,y_N)\}$，拐点个数 p
2	输出	表征轨迹坐标（控制点）
3	初始化	拐点向量 $$\tau = \{\underbrace{0\ 0\ 0\ 0}_{1\cdots 4}, \underbrace{\frac{1}{p-3}, \frac{2}{p-3}, \frac{3}{p-3}, \cdots, \frac{p-4}{p-3}}_{5\cdots p}, \underbrace{1\ 1\ 1\ 1}_{p+1\cdots p+4}\}$$
4	计算轨迹参数向量	$l = (0, l_1, \cdots, l_{N-1}, l_N)$ $$l_t = \frac{h_t}{h_N} = \frac{\sum_{i=2}^{t}\sqrt{(x_i-x_{i-1})^2+(y_i-y_{i-1})^2}}{\sum_{i=2}^{N}\sqrt{(x_i-x_{i-1})^2+(y_i-y_{i-1})^2}}$$ 式中　$t = 2,3,\cdots,N; l_t \in (0.1]$
5	计算三次 B 样条基函数	$$K_{i,1}(l_t) = \begin{cases} 1 & \text{if } \tau_i < l_t < \tau_{i+1} \\ 0 & \text{其余} \end{cases}$$ $$K_{i,j} = \frac{l_t - \tau_i}{\tau_{i+j-1} - \tau_i} + \frac{\tau_{i+j} - l_t}{\tau_{i+j} - \tau_{i+1}}$$
6	计算控制点	$C^{XY} = \varnothing^V T^{XY}$ $\varnothing^V = (\varnothing^T \varnothing)^{-1} \varnothing^T$ 式中　$\varnothing = \begin{cases} K_{1,4}(l_1) & \cdots & K_{p,4}(l_1) \\ \vdots & & \vdots \\ K_{1,4}(l_N) & \cdots & K_{p,4}(l_1) \end{cases}$

3.2.2　车辆运动轨迹表征选择

为了验证 Haar 小波系数法、Discrete Fourier Transform（DFT）变换法、Cheybyshev 多项式系数法和最小二乘 B 样条曲线逼近法（LCSCA）中哪种方法最适合表征车辆运动轨迹，本节选用 4 个国际公共车辆轨迹数据集，对这 4 种算法表征车辆运动轨迹的精度进行比较验证。这 4 个车辆轨迹数据集分别是：

（1）System for Assessment of the Vehicle Motion Environment（SAVME）数据集 74：SAVME 项目是由美国国家公路交通安全管理局 National Highway Traffic Safety Administration（NHTSA）设立，在 600 英寸的道路上使用视频采集车辆运动信息。我们将使用该数据集中的 56 条车辆运动轨迹用于车辆轨迹表征方法的选择。

（2）GSIM-Peachtree St.数据集：Next Generation Simulation 是由 Cambridge Systematics 负责开发，是为美国联邦公路管理局 Federal Highway Administration（FHWA）提高道路中车辆运动轨迹。Peachtree St.是该项目中的其中一个数据集。我们将使用该数据集中的 1 758 条车辆轨迹用于车辆运动轨迹表征方法的选择。

（3）NGSIM-US-101 数据集：该数据集也来自 Next Generation Simulation，US-101。本节将使用该数据集中的 1 048 576 条车辆运动轨迹用于车辆轨迹表征方法的选择。

（4）Path 数据集：该数据集是由 Berkeley Highway Laboratory（BHL）提供，该数据集采集 I-80 中 1 km 长度的道路中车辆运动信息。本节使用该数据集中 1 357 条车辆运动轨迹，用于车辆轨迹表征方法的选择。

使用 LCSCA、Haar 小波系数法、DFS 变换法和 Cheybyshev 多项式系数法分别对上述 4 个数据集的车辆运动估计进行表征，为了比较车辆运动轨迹表征精度，本书选用指标 Cosine similarity（C_s）进行对比[52]，其计算公式如下所示。

$$C_s = \frac{T_i - T_j}{\|T_i\| \|T_j\|} \tag{3.35}$$

$$J_{inbe} = \frac{\sum_r^K C_{s_r}}{K} \ (0 < r \leqslant K) \tag{3.36}$$

式中 T_i 为原始轨迹；T_j 为轨迹表征方法表征的轨迹；K 为样本集中车辆轨迹总数；J_{inbe} 为平均精度。

这 4 种轨迹表征方法对 4 个数据集中车辆运动轨迹结果，如图 3.15 所示。

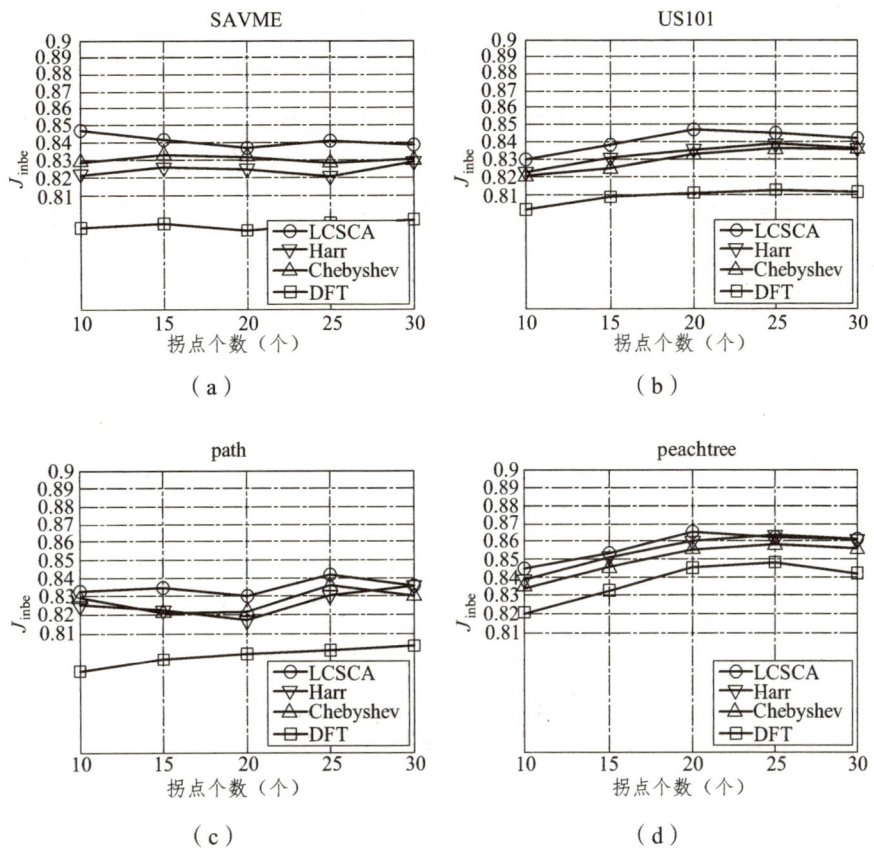

图 3.15　4 种轨迹表征方法比较结果

根据图 3.15 可知，LCSCA 表征车辆轨迹的精度在 4 个数据集中均高于其他 3 种表征算法，因此使用 LCSCA 表征车辆运动轨迹效果最好。

3.3　小　结

本章首先描述了特征选择算法在车辆运动行为分析中的作用；再介绍了特征选择算法的基本框架，包括生成特征子集、评价特征子集、停止准则和验证过程；然后介绍了特征选择算法的分类包括 Wrapper 型、

Filter 型和 Embedded 型特征选择算法，进而根据信息熵评价标准分析了特征与类的相关性以及特征之间的冗余性和互补性，基于这些内容展开介绍了一种基于冗余互补的车辆运动特征提取算法；最后介绍了 Haar 小波系数法、Discrete Fourier Transform（DFS）变换法、Cheybyshev 多项式系数法和最小二乘 B 样条曲线逼近法（LCSCA）4 种常用的基于曲线逼近的目标轨迹表征方法。实验证明使用 LCSCA 进行车辆运动轨迹的表征效果最好。

第 4 章 智能网联环境下车辆运动行为分析方法

运用特征提取后的车辆运动特征构建车辆运动行为的识别模型，并对车辆运动行为进行分析。车辆运动特征见表 4.1，根据这些车辆运动参数组成的向量可以表示车辆运动行为，并以这些向量进行分析是本章的目标问题，本章主要以车辆危险行为为例，对特征提取后的车辆驾驶特征进行识别。

表 4.1 车辆运动参数

编 号	车辆运动参数
1	车速
2	横向加速度
3	横摆角速度
4	轨迹
5	方向角
6	纵向加速度
7	横向加速度变化率
8	横摆角速度变化率
9	纵向加速度变化率
10	与前车距离

续表

编 号	车辆运动参数
11	与前车车头时距
12	与前车相对位置
13	前车纵向加速度
14	前车横向加速度
15	前车纵向加速度变化率
16	前车横向加速度变化率
17	前车横摆角速度变化率
18	与前车相对速度
19	与前车相对纵向加速度
20	与前车相对横向加速度

在智能网联环境下，车辆运动参数不再局限于自车的运动参数，更容易获得在同样交通环境下，不同时间、空间维度下的周围车辆运动参数，将周围参与的交通主体运动参数同样纳入车辆运动参数的考虑范围之内，对车辆运动行为进行详细分析。

4.1 识别分类算法

危险驾驶行为主要包括疲劳危险驾驶行为和违法危险驾驶行为。对于疲劳危险驾驶行为，分为正常驾驶和疲劳驾驶；对于分神危险驾驶行为，分为正常驾驶和分神驾驶；对于违法驾驶行为，分为正常驾驶和违法驾驶。基于 20 种车辆运动参数，在三种不同类别的数据集中进行特征选择后得到对疲劳驾驶行为、分神驾驶行为、违法驾驶行为分类有贡献的几个特征，并用于识别危险车辆运动行为。

本节主要讲述用于识别车辆运动行为的方法，主要介绍 SVM 算法、粒子群优化算法、基于稀疏重构算法，并与传统的 NBC、CNN、C4.5

分类器算法进行对比,以危险驾驶行为为例介绍智能网联环境下车辆运动行为分析方法。

4.1.1 识别算法

支持向量机(Support Vector Machine,SVM)是一种典型的分类和回归方法,该方法由 Cortes 和 Vapnik[53]在 1995 年创立。SVM 被提出后,得到了广泛的应用,并被很多学者认为是比较好的分类方法,其分类精度一般超过决策树和神经网络等分类方法[54,55]。SVM 的基本原理是寻找两个类之间的最佳分离超平面。

在 SVM 系列分类方法中,C-SVM 被认为是简单、有效的,得到了最广泛的使用[56]。因此,本文将使用 C-SVM 方法识别危险驾驶状态。在 C-SVM 模型中,训练数据样本可以描述为 $\{x_i, y_i\}$ ($i=1,2,\cdots,q$; $y_i \in \{-1,1\}$),其中 x_i 是车辆运动特征, y_i 是车辆运动特征所对应的驾驶状态标签。C-SVM 模型目的是寻找区分正常驾驶状态和危险驾驶状态的最佳分离超平面。一个超平面如式(4.1)所示:

$$\omega \cdot x + b = 0 \qquad (4.1)$$

式中 ω 是垂直于超平面的量, x 是属于超平面上的一个点, b 是偏离常数。

图 4.1 所示为 SVM 模型。

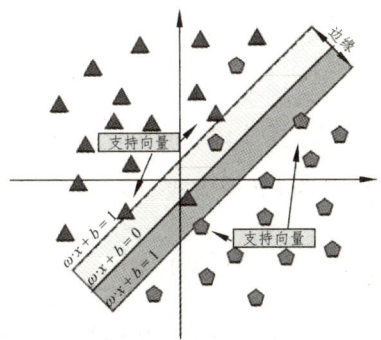

图 4.1 SVM 分类示意

对于线性可分的情况,决策函数如式(4.2)所示:

$$f(x) = \text{sgn}(\omega \cdot x + b) \quad (4.2)$$

超平面的边界可以用 $\frac{2}{\|\omega\|}$ 表达,那么最优的超平面如式(4.3)所示:

$$\min_{\omega,b} \frac{\|\omega\|^2}{2} \quad (4.3)$$

$$\text{Subject to } y_i(\omega \cdot x_i + b) \geq 1$$

基于两分类的 SVM 模型在考虑分类器损失的情况下,式(4.3)可以转换为式(4.4):

$$\min_{\omega,b,\varepsilon_i} \frac{\|\omega\|^2}{2} + C\sum_{i=1}^{q} \varepsilon_i \quad (4.4)$$

$$\text{Subject to } y_j(\omega \cdot x + b) \geq 1 - \varepsilon_i$$

式中 C 为惩罚系数,该系数可以对错分样本 $\varepsilon_i(\varepsilon_i \geq 0)$ 惩罚程度进行控制,因此在求解最优超平面时核函数参数 γ 和惩罚系数 C 对结果具有较大的影响。

根据拉格朗日乘子,式(4.2)的最优化问题可以转换为式(4.5):

$$\min_{\sigma} Q(\sigma) = \sum_{i=1}^{q} \sigma_i - \frac{1}{2}\sum_{i,j=1}^{q} \sigma_i\sigma_j y_i y_j (x_i \cdot x_j) \quad (4.5)$$

$$\text{Subject to } y_j(\omega \cdot x + b) \geq 1 - \varepsilon_i$$

$$\text{Subject to } \sum_{i=1}^{q} \sigma_i y_j = 0$$

$$\sigma_i \geq 0, \quad i = 1, 2, \cdots, q$$

式中 σ_i 为拉格朗日乘子,式(4.5)的优化问题可以使用标准的二次规划方法解决,因此,$f(x)$ 可以转换为式(4.6):

$$f(x) = \text{sgn}\left[\sum_{i=1}^{q} \sigma_i y_i k(x_i \cdot x_j) + b\right] \quad (4.6)$$

式中 $k(\cdot)$ 为核函数,本书选用径向基核函数(RBF)作为核函数,如式(4.7)所示:

$$k(x, x_i) = e^{-\gamma \|x - x_i\|^2} \tag{4.7}$$

为了得到最优的 SVM 模型，本书使用粒子群优化算法优化核函数参数 γ 和惩罚系数 C。

4.1.2 优化识别算法

粒子群优化（Particle Swarm Optimization，PSO）算法由 Kennedy 和 Eberhart 在 1995 年提出[57]，它是一种基于人群的随机优化技术，通过人群中的个体之间合作与竞争的关系完成优化求解。在 PSO 算法中，潜在的解为一群粒子，每个粒子都被初始化一个随机的速度在一定的维度空间移动。每个粒子的目标是到达一个最优的位置（值），每一个粒子都记录它们自己得到最优的位置，称作 P_b，所有的 P_b 中最佳的位置称为全局最优 P_g，如图 4.2 所示。

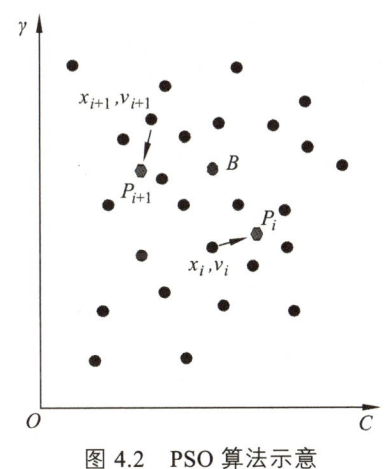

图 4.2 PSO 算法示意

在每一次迭代中，每个粒子更新的速度和位置可以表示为式（4.8）和（4.9）[58]：

$$v_i(t+1) = v_i(t) + \rho_{1i}[P_{bi} - x_i(t)] + \rho_{2i}(P_g - x_i(t)) \tag{4.8}$$

$$x_i(t+1) = x_i(t) + v_i(t+1) \tag{4.9}$$

式中 i 是粒子的索引；t 是时间的索引；v_i 是 i-th 粒子的速度；x_i 是 i-th 粒子的位置；P_{bi} 是第 i-th 粒子发现的最佳位置；P_g 是全部粒子发现的最佳位置；ρ_{1i} 和 ρ_{2i} 是随机数，其范围是 0 到 1。

在本文的应用中，粒子的速度可以转换为式（4.10）：

$$v_i(t+1) = \varphi(t)v_i(t) + \alpha_1\{\rho_{1i}[P_{bi} - x_i(t)]\} + \alpha_2\{\rho_{2i}[P_g - x_i(t)]\} \quad (4.10)$$

式中 $\varphi(t)$ 是惯性函数；α_1 和 α_2 为加速度。

本书使用 PSO 对 SVM 模型中核函数参数 γ 和惩罚系数 C 进行优化，其详细过程如算法 4.1 所示。

算法 4.1　PSO 优化 SVM 参数

1. 输入：一系列训练样本和测试数据，最大迭代次数 M，粒子群个数 N，C 和 γ 的范围（$C_{\min}, C_{\max}$）和（$\gamma_{\min}, \gamma_{\max}$）。
2. 输出：最佳的 C 和 γ。
3. 初始化：每个粒子的位置 x_i 和速度 v_i，粒子的速度范围。
4. 计算：根据 SVM 分类效果获取每个粒子的最佳位置和粒子群的最佳位置。
5. 优化。
6. 循环 m 从 1 到 M。
7. 循环 i 从 1 到 N。
8. 更新粒子的速度在规定的粒子速度范围内。
9. 更新粒子的位置在输入的（$C_{\min}, C_{\max}$）和（$\gamma_{\min}, \gamma_{\max}$）范围内。
10. 训练 SVM 获取当前最佳的 C 和 $\gamma(x_{iC}, x_{i\gamma})$。
11. 更新粒子的位置。
12. 更新粒子群的最佳位置。
13. 结束循环。
14. 结束循环。
15. 返回最佳的 C 和 γ。

因此，危险驾驶状态识别过程为：首先基于车辆运动特征和对应的驾驶状态类别形成训练数据，输入 SVM 模型，然后使用 PSO 算法优化 SVM 模型中的核函数参数 γ 和惩罚系数 C，得到最优的核函数参数 γ 和惩罚系数 C，车辆运动特征测试样本输入训练好的 SVM 模型，最终输出驾驶状态类别，其整个过程如图 4.3 所示。

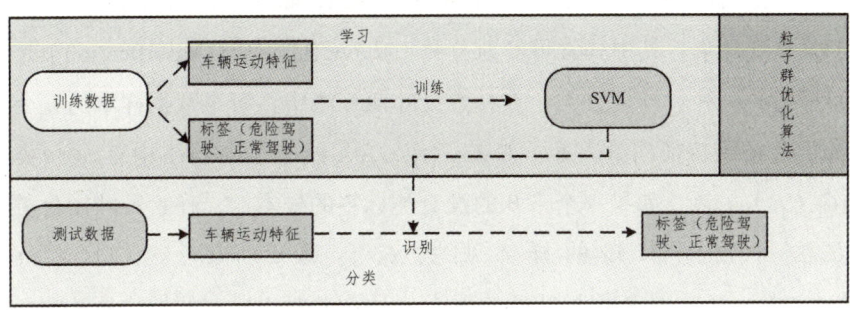

图 4.3 基于 PSO-SVM 的车辆行为识别流程

本书在 PSO-SVM 优化参数中，粒子群大小设置为 50，ϕ 根据经验设置为 0.8，a_1 和 a_2 设置为 2.0，迭代次数设置为 500。在正常驾驶状态下车辆运动特征样本中选出 4 000 个样本作为训练样本特征，相应的类标签值均设置为 0；在危险驾驶状态下车辆运动特征中选出 5 000 个作为训练样本特征，相应的类标签值设置为 1。为了评价 SVM 识别效果，使用真正类率（True Positive Rate，TPR），假正类率（False Positive Rate，FPR），真负类率（True Negative Rate，TNR）和假负类率（False Negative Rate，FNR）作为识别效果指标。

$$TPR = \frac{正确识别危险驾驶状态个数}{测试样本中危险驾驶状态总样本数} \times 100\%$$

$$TPR = \frac{错误识别正常驾驶状态个数}{测试样本中正常驾驶状态总样本数} \times 100\%$$

$$TNR = \frac{正确识别危险驾驶状态个数}{测试样本中正常驾驶状态总样本数} \times 100\%$$

$$FNR = \frac{错误识别正常驾驶状态个数}{测试样本中危险驾驶状态总样本数} \times 100\%$$

为了测试使用 PSO 优化 SVM 参数后识别驾驶人危险驾驶状态精度，选用未优化的 SVM、朴素贝叶斯和最邻近算法作为对比算法。下面对朴素贝叶斯和最邻近算法进行简单的介绍。

朴素贝叶斯分类方法：贝叶斯分类（Bayesian Classification）起始于概率统计学，其中朴素贝叶斯分类（Naïve Bayesian Classification）是为常见的一种贝叶斯分类。在朴素贝叶斯算法中，每个数据样本的 n 个属性用 n 维特征向量表示，如 $X = \{x_1, x_2, \cdots, x_n\}$，假如样本中有 m 个类 $(C_1, C_2, \cdots, C_m)$。如果一个未知的没有类标签的样本 X，朴素贝叶斯分类方法将分配未知的样本归为 C_i，那么 $P(C_i|X) > P(C_j|X)$ $1 \leqslant j \leqslant m, j \neq i$；依据贝叶斯的理论，因 $P(X)$ 对于所有的类均是常数，那么最大化后验概率 $P(C_i|X)$ 可以用最大化先验概率 $P(X|C_i)P(C_i)$ 表示。假设训练数据集中具有多种属性和元组，则 $P(X|C_i)$ 的计算量将比较大，因此，可认为数据样本中的各属性取值之间是相互独立的，那么可计算先验概率 $P(x_1|C_i)$，$P(x_2|C_i)$，$\cdots$，$P(x_n|C_i)$。那么按照这个方法，对于任何一个未知类别的样本 X，计算 X 属于每一个类别 C_i 的概率 $P(X|C_i)P(C_i)$，概率最大的类别即为 X 的类别。朴素贝叶斯分类方法与其他分类方法相比，从理论上讲，具有较高的正确率。

K 最邻近算法（K-NearestNeighbor，KNN）是一种简单、无须参数估计、无须训练样本和容易实现的一种机器学习算法。该算法的核心思想为如果一个数据样本中 k 个最相近的样本中大多数是来自同一个类，那么这个样本就属这个类。该方法在分类时只依据最邻近的一个或多个样本的类对未知样本的类进行判定，该方法比较适合于多分类问题。

本书选用 913 个正常驾驶状态和 871 个危险驾驶状态下车辆运动特征作为测试样本集，其测试效果如图 4.4 和表 4.2 所示。

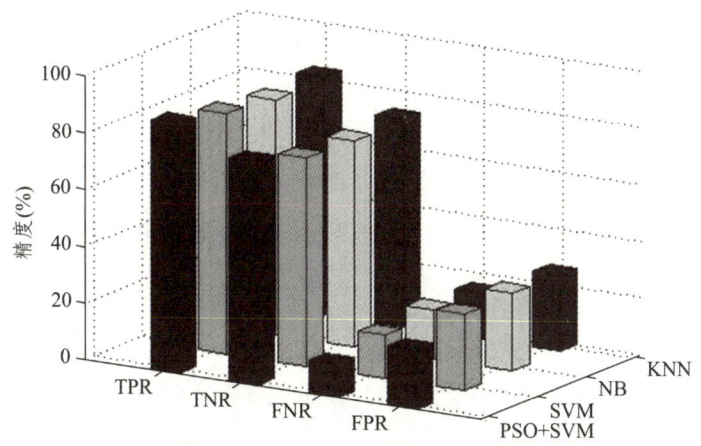

图 4.4 4 种算法识别效果图对比

表 4.2 危险驾驶状态识别结果

算　法	指　标			
	TPR	TNR	FPR	FNR
SVM	84.99	73.364	26.64	15
NB	82.8	72.54	27.4	17.19
KNN	83.89	73.364	26.64	16.1
PSO+SVM	**88.17**	**78.76**	**21.239**	**11.83**

由图 4.4 和表 4.2 可知，基于车辆运动共性特征，并且使用 PSO 优化 SVM 的算法可有效识别危险驾驶状态，且识别效果胜过 NB、KNN 和未优化的 SVM 算法。

4.2 基于稀疏表示的车辆行为分析方法

4.2.1 稀疏重构方法

最近几年，稀疏重构方法是模式识别和机器学习领域的研究重点和热点之一,稀疏重构方法是由斯坦福大学的 David Donoho 等人[59]基于奈奎斯特采样定理提出的理论。稀疏重构方法的核心是对欠定方程 $y=\alpha x$ 求解,其中 y 为需要分析的数据,α 为观察矩阵,x 为待重构的数据。$y=\alpha x$ 是线性方程,由线性方程的理论知,$y=\alpha x$ 有无穷多个解。但是假如 x 是稀疏的或可用 $x=\alpha_1 x_1$ (x_1 是稀疏数据或字典,α_1 为转换基),那么方程 $y=\alpha x$ 可能仅有唯一的解,其可以表示为式(4.11):

$$y = \alpha\alpha_1 x_1 = \bar{\alpha} x_1 \quad (4.11)$$

式(4.11)可以转化为 l^0 范数约束的最小化问题,如式(4.12)所示:

$$\min \|x_1\|_0 \quad (4.12)$$
$$\text{subject to } y = \bar{\alpha} x_1$$

式中 $\|x_1\|_0$ 为 x_1 的 l^0 范数;$\bar{\alpha}$ 为新观察矩阵。

因此,求解 l^0 范数约束最小化问题是稀疏重构方法中的核心问题,但是直接求解 l^0 范数约束最小化问题是 NP-hard 问题。为了解决这一难题,研究学者们提出了一些替代方法进行求解,将 l^0 范数转换为 l^1 范数或 l^2 范数的稀疏重构模型,并提出了一些稀疏重构模型的求解方法,其中应用最为广泛的三种算法是迭代重加权最小二乘算法、凸优化算法和贪婪算法。

迭代重加权最小二乘算法(Focal Underdetermined System Solver, FOCUSS)是由 Goronitsky 提出[60,61]的,该算法的核心是一种利用扶强抑弱的思想,即在每一步迭代过程中,将上一步骤中计算的结果构造为加权函数,为了使下一步迭代中计算出的新结果权重更大。该算法在没有噪声的情况下可以求得局部最优解,但在实际应用中,都会有噪声的存在,为了获得较好的计算结果,一般对 FOCUSS 算法进行正规化将约束函数转换为式(4.13)的形式:

$$f = \|\bar{\alpha} x_1 - y\|_2^2 + h\|w_t^{-1} x_1\|_p \quad (4.13)$$

式中 $\|\cdot\|_2$ 为 l_2 范数;$\|\cdot\|_p$ 为 l^p 范数;h 是正规化的参数;w_t^{-1} 是在上一

步迭代计算结果上的权值矩阵。

该方法虽然求得了稀疏解，然而在求解过程中不能保证所求得解为全局最优解，尤其当稀疏数据或字典规模较大或非零系数个数过多的情况下，该方法的求解精度比较差。

为了求出全局最优的解和能够比较好地逼近 l^0 范数，研究学者们提出了利用 l^1 范数约束最小化建立稀疏约束模型，因 l^1 范数是使用凸函数作为代价函数，其求得解具有较好的稳定性。Candes 等[62]在理论上证明了 l^1 范数的稀疏性。l^1 范数的约束模型在各个领域都得到了广泛的应用，相应的也提出了一系列凸优化算法，例如 BP-基追踪方法[63]、BPDN-基追踪去噪方法[64, 65]和 DS-Dantzig 选择子[66]等算法。Candes 和 Tao 等人[67]使用观察矩阵的有限等距性质（Restricted Isometry Property，RIP）和相干系数证明了不管在有没有噪声的条件下，l^1 范数约束的稀疏方法都可以得到精确的稀疏解。RIP 的性质可以描述为对于无噪的模型 $y = \bar{\alpha} x_1$，假如受限等距离常数满足 $\delta_{2k} < \sqrt{2} - 1$，那么使用 BP-基追踪方法重构的数据 x' 满足式（4.14）和式（4.15）：

$$\|x' - x\|_1 \leqslant C_0 \|x' - x_k\|_1 \quad (4.14)$$

$$\|x' - x\|_2 \leqslant C_0 K^{\frac{1}{2}} \|x' - x_k\|_1 \quad (4.15)$$

式中 C_0 是常数，x_k 为 x 中 K 个系数的位置。

RIP 的性质可以描述为对于有噪的模型 $y = \bar{\alpha} x_1 + n$，假如受限等距离常数满足 $\delta_{2k} < \sqrt{2} - 1$，并且 $\|n\|_2 \leqslant \varepsilon$，那么使用 BPDN 方法重构的数据 x' 满足式（4.16）：

$$\|x' - x\|_2 \leqslant C_0 K^{\frac{1}{2}} \|x' - x_k\|_1 + C_1 \varepsilon \quad (4.16)$$

式中 C_0 和 C_1 是常数。

相干系数理论是针对有噪的模型 $y = \bar{\alpha} x_1 + n$，假如 x_1 中非零的数据个数 $K = \|x_1\|_0 < (1/\mu + 1)/4$，并且 $\|n\|_2 \leqslant \varepsilon \leqslant \varepsilon'$，那么使用 BPDN 方法重

构的数据 x' 满足式（4.17）：

$$\| x' - x \|_2 \leq \frac{(\varepsilon' + \varepsilon)^2}{1 - \mu(4K - 1)} \qquad (4.17)$$

尽管有限等距性质和相干系数理论可以证明在某些条件下 l^1 范数约束可求得稀疏精确解，但是 l^1 范数约束函数有无界的和不公平的约束，那么稀疏求解总存在一些偏差。

贪婪算法与 FOCUSS 和凸优化算法不同，该算法不约束数据的稀疏性，而是采用直接匹配的方法寻找稀疏解。贪婪算法的核心为以迭代的方式选取与残差项最为相关的基向量到稀疏集合中，在满足终止条件后停止迭代。贪婪算法具有计算复杂度低、易实现等特点，在稀疏求解方法中受到广泛的应用[68-73]。目前，具有代表性贪婪算法有：匹配追踪算法（Matching Pursuit，MP）[68]、贪婪追踪算法（Greedy Pursuit，GP）[61]和正交匹配追踪算法（Orthogonal Matching Pursuit，OMP）[72]等。

4.2.2 建立 l^p 稀疏重构优化求解方法

根据 Wright[74]等人和 Mo[75]等人的理论，任何一条新的车辆运动轨迹都可以近似的用样本字典中车辆运动训练轨迹线性组合而成。本文假定每条车辆运动轨迹可以用一个向量 $\vartheta(\vartheta \in \mathbf{R}^m)$ 表示，矩阵 $A_i = [\vartheta_{i,1}, \cdots, \vartheta_{i,n_i}]$ 包含来自第 i 类车辆行为的 n_l 条车辆运动轨迹样本。假如在整个训练车辆运动轨迹样本集中具有 k 类车辆轨迹，车辆轨迹字典矩阵 A 可以定义为如式（4.18）所示形式：

$$A = [A_1, A_2, \cdots, A_k] = [\vartheta_{1,1}, \vartheta_{1,2}, \cdots, \vartheta_{k,n_k}] \in \mathbf{R}^{m \times n} \qquad (4.18)$$

式中 $n = \sum_{l=1}^{k} n_l$。

给定第 i 类训练轨迹样本，对于任何一条测试车辆轨迹 $y_i \in \mathbf{R}^m$，可以用与测试车辆轨迹来自相同类的训练样本线性表达，如式（4.19）所示：

$$y_i = A_i \cdot \sigma_i = \sigma_{i1}\vartheta_{i1} + \sigma_{i2}\vartheta_{i2} + \cdots + \sigma_{in_i}\vartheta_{i,n_i} (\sigma_i \in \mathbf{R}^{n_i}) \quad (4.19)$$

y_i 也可以用车辆运动轨迹训练字典表示，如式（4.20）所示：

$$y_i = A\sigma \in \mathbf{R}^m \quad (4.20)$$

其中 $\sigma = [0, \cdots, 0, \sigma_i^T, 0, \cdots, 0]^T \in \mathbf{R}^n$ 是一个系数向量。

本书用一个例子说明稀疏重构方法如何识别车辆轨迹类别，如图 4.5 所示。

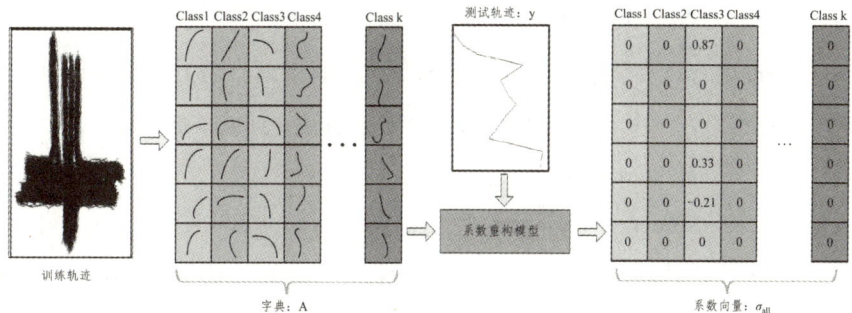

图 4.5 稀疏重构方法识别车辆轨迹类别示意图

车辆轨迹字典 A 中包含 k 类车辆训练轨迹，根据稀疏重构方法，测试轨迹 y 的系数向量 σ_{all} 为：

$$\sigma_{all} = [0,0,0,0,0,0,\cdots,0.87,0,0,0.33,-0.21,0,\cdots,0,0,0,0,0,0,]^T$$

根据系数向量 σ_{all} 可知测试轨迹可以用来自第 3 类的车辆训练轨迹线性组合，那么测试轨迹 y 的类别可以鉴定为第 3 类。因此为了准确判断测试轨迹的类别，要求稀疏系统向量尽可能稀疏。

为了寻得 $y = A\sigma$ 最稀疏的解，需要解决式（4.21）的优化问题：

$$\hat{\sigma}_0 = \arg\min \|\sigma\|_0 \quad (4.21)$$
$$\text{subject to } y = A\sigma$$

式中 $\|\sigma\|_0$ 代表 σ 的 l^0 范数。

式（4.21）是原始稀疏求解问题，目标函数是非凸函数，因此求解稀疏系数是 NP-hard 问题。许多研究者转换 l^0 范数稀疏求解非凸问题到凸优化问题，最常见的转换是将 l^0 范数稀疏求解问题变为 l^1 范数或 l^2 范数稀疏求解问题。根据稀疏重构和压缩感知的理论[76]，求解 l^0 范数稀疏问题可以转变为 l^1 范数稀疏求解问题，如式（4.22）所示：

$$\hat{\sigma}_1 = \arg\min \|\sigma\|_1 \quad (4.22)$$
$$\text{Subject to } y = A\sigma$$

$\|\sigma\|_0$ 也可以转换为 l^2 范数稀疏求解问题，如式（4.23）所示：

$$\hat{\sigma}_1 = \arg\min \|\sigma\|_2 \quad (4.23)$$
$$\text{subject to } y = A\sigma$$

最近也有许多研究学者为了获得更优的稀疏解，将 l^0 范数稀疏问题可以转变为 l^p（$0<p<1$）范数稀疏求解问题，如式（4.24）所示：

$$\hat{\sigma}_1 = \arg\min \|\sigma\|_p \quad (4.24)$$
$$\text{Subject to } y = A\sigma$$

l^1 范数和 l^2 范数稀疏求解问题可以使用标准线性规划方法求解。但是，许多研究学者表明 l^1 范数和 l^2 范数稀疏求解问题仅仅在强的约束条件下才能得到比较精确的求解结果。许多研究学者[77-79]证明使用 l^p（$0<p<1$）范数的稀疏求解效果要明显好于使用 l^1 范数和 l^2 范数的稀疏求解效果。因此，本书使用 l^p（$0<p<1$）范数稀疏求解问题代替 l^0 范数稀疏问题。为了验证 l^p（$0<p<1$）范数稀疏重构模型比 l^1 范数和 l^2 范数稀疏重构模型更适合于识别车辆轨迹类别，本书用一个实际例子进行阐述。从车辆轨迹公共数据 CROSS 测试样本中随机选择一条轨迹作为测试样本，并随机从 CROSS 的训练轨迹中选出 10 类车辆轨迹样本，每类车辆轨迹的个数为 20 条。分别用 l^p 范数、l^1 范数和 l^2 范数稀疏重构模型识别测试轨迹类别。图 4.6（a），图 4.7（a）和图 4.8（a）分别为 l^p 范数、l^1 范数和 l^2 范数稀疏重构模型的稀疏系数解。由图 4.6（a）至 4.8（a）可知，l^p 范数（$p=0.5$）稀疏重构模型求解的稀疏系数大多数为 0，而 l^1 范数和 l^2 范数稀疏重构模型求解的稀疏系数全不为 0。由此可知，l^p

范数稀疏重构模型求解的稀疏系数比 l^1 范数和 l^2 范数稀疏重构模型求解的稀疏系数更稀疏。同时，通过残差识别测试轨迹类别，残差反映某一类的训练样本轨迹重构测试样本的精度，因此残差最小所在的类即为测试样本的类。图 4.6（b），图 4.7（b），和图 4.8（b）分别显示了使用 l^p 范数、l^1 范数和 l^2 范数稀疏重构模型重构测试样本的残差。由图 4.6（b）到图 4.8（b）可知，l^p 范数稀疏重构模型测试轨迹为第 4 类，而 l^1 范数和 l^2 范数稀疏重构模型判断测试轨迹样本属于第 7 类，实际上测试样本的真实类别为第 4 类。由此可知，使用 l^p 范数稀疏重构模型比使用 l^1 范数和 l^2 范数稀疏重构模型更适合于车辆轨迹识别。

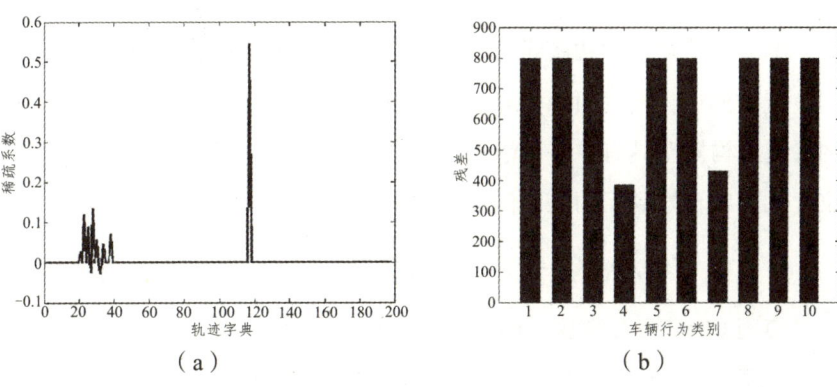

图 4.6　l^p 范数稀疏重构模型求解结果

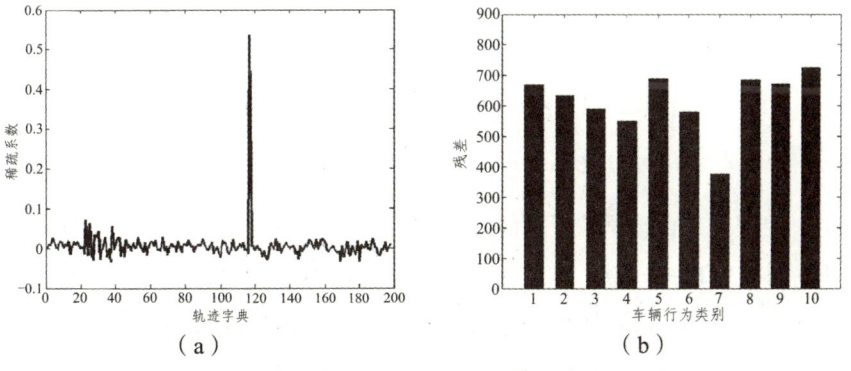

图 4.7　l^1 范数稀疏重构模型求解结果

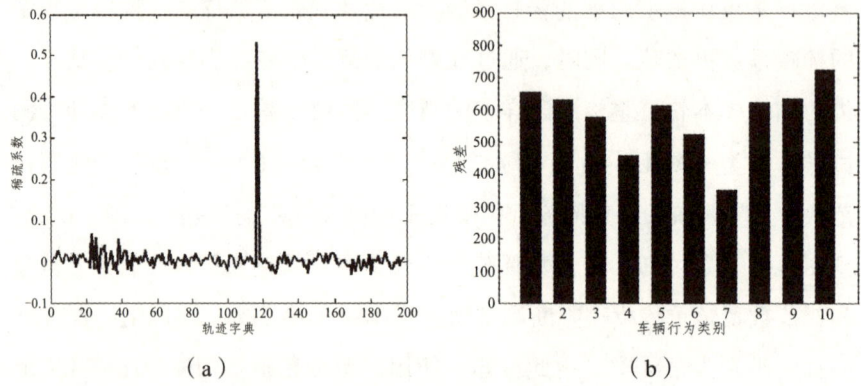

图 4.8 l^2 范数稀疏重构模型求解结果

本书基于 l^p 范数稀疏重构模型构建违法驾驶识别方法,这是因为利用 l^p 范数的低界定理可以保证在弱的约束条件下比 l^1 范数和 l^2 范数构建的稀疏重构模型具有更好的求解结果[78]。同时,引进正规项 $\gamma\|\sigma\|_p^p$ 将约束优化问题转换到无约束的问题上,如式(4.25)所示:

$$f(\sigma) := \|A\sigma - y\|_2^2 + \gamma\|\sigma\|_p^p \qquad (4.25)$$

并且使用 Chen 等人[79]提出的低界定理:

定理 4.1 对于任意给定的初始点 σ_0,是局部极小值,那么对于任何非零向量 σ_0 的 σ_i($i\in N$)满足式(4.26):

$$L = \left(\frac{\gamma p}{2\|A\|\sqrt{f(\sigma_0)}}\right)^{\frac{1}{1-p}}$$

$$\sigma_i \in (-L, L) \Rightarrow \sigma_i = 0 \qquad (4.26)$$

定理 4.1 直接反映了求解 l^p 范数稀疏问题在一定的条件下是等同于求解 l^0 范数稀疏问题。基于以上分析,提出一种新的算法求解稀疏系数向量正交匹配追踪-拟牛顿法(Orthogonal Matching Pursuit-Newton,OMPN),首先使用正交匹配追踪算法(Orthogonal Matching Pursuit,

OMP）得到初始解，再利用拟牛顿法优化初始解，然后使用定理 1 优化稀疏解，使之逼近全局最优解。Orthogonal Matching Pursuit-Newton（OMPN）算法流程如算法 4.2 所示：

算法 4.2 Orthogonal Matching Pursuit-Newton（OMPN）

输入：车辆轨迹训练字典 $A=[\vartheta_{1,2},\vartheta_{1,2},\cdots,\vartheta_{k,nk}]$，待测试车辆轨迹 $y \in R^m$ 和残差阈值。

1. 初始化：残差 $R_0=y$，稀疏解 $x_0=0$，引索 $S_0=\phi$，迭代计数 $g=1$。
2. 迭代：执行以下步骤：
（1）寻找最佳近似残差：$j_k = \arg\max_i \|R_0 \cdot \vartheta_{k,nk}\|_2$；
（2）更新引索 $S_g = S_{g-1} U\{j_k\}$；
（3）计算 $x_g = (A_{S_g}^T A_{S_g})^{-1} A_{S_g}^T y$；
（4）计算残差 $R_0 = y - A_{S_g} x_g$；
（5）如果 $\|R_0\| < \varepsilon$ 迭代停止并返回 $S=S_g$，否则返回（1）。
3. 以第 2 步中求得的 x_0 作为初始值，使用拟牛顿法求解最优值 x'_t。
4. 根据定理 1 优化稀疏解：

$$x_t^* = \begin{cases} x'_t, & x'_t \in (-L_i, L_i) \\ 0, & 其他 \end{cases}$$

输出：稀疏向量引索 S，最优解解 x_t^*。

4.2.3 构建 l^p 稀疏重构模型的违法驾驶识别方法

根据上节的分析，基于稀疏重构模型识别车辆轨迹，首先要建立车辆训练轨迹字典，轨迹字典要求所有的车辆轨迹必须具有相同的维度。但是通常采集的车辆运动轨迹长度是不同的即使这些车辆运动轨迹是来自同一个类，因此本文使用 3.2.2 中的车辆轨迹表达方法 LCSCA 对所有的车辆运动轨迹进行标准化，以保证车辆运动轨迹具有相同的长度。

根据算法 4.1（OMPN），可计算出稀疏系数向量 σ_{all}。假设测试车辆轨迹为 y，为了识别测试轨迹，本文首先定义测试轨迹的残差向量 R_{all}，如式（4-27）所示：

$$R_{all} = [R_1,\cdots,R_k] = [\|A\sigma_1 - y\|,\cdots,\|A\sigma_k - y\|] \quad (4.27)$$

根据最小残差误差 R_i 所对应的类识别测试车辆轨迹，如式（4.28）所示：

$$Class(y) = \arg\min_i(R_i) \quad i \in (1,2,3,\cdots,k) \quad (4.28)$$

值得注意的是最小残差所对应的类在某些情况下可能不是测试车辆轨迹的类，因为可能存在相同的最小残差（如 $R_i = R_j$，但 $i \neq j$）。那么在这种情况下，依据式（4.28）不能准确识别车辆轨迹类别，如图 4.9 所示。

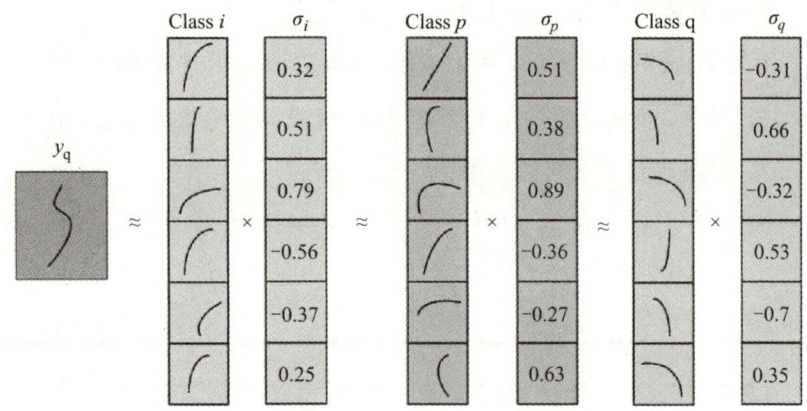

图 4.9　测试车辆轨迹被多个训练轨迹类表达示意图

图 4.9 中描述测试轨迹 y_q，可用 i，p，q 三个车辆训练样本轨迹重构，且重构残差相同，根据式（4.28）可能判断测试轨迹 y_q 是属于第 i 类，但实际上 y_q 是属于第 q 类。为了解决这一问题，引入一个权重因子 ω_i，将式（4.28）转换为式（4.29）：

$$Classification(y) = \arg\min_i(\omega_i \times R_i) \quad i \in (1,\cdots,k) \quad (4.29)$$

权重因子 ω_i 为测试轨迹 y 和轨迹字典 A_i 之间的相识度。首先计算测试轨迹 y 与轨迹字典 A_i 中来自第 i 类轨迹之间的余弦相似度 α_i，然后利用最大的相似度值作为测试轨迹 y 和轨迹字典 A_i 之间的权重因子。为了防止轨迹标准化方法 LCSCA 在计算过程中丢失一些轨迹信息，使用原始轨迹字典与测试轨迹计算权重因子 ω_i。定义 $\tilde{y}$ 为 y 的原始轨迹，那么训练字典轨迹 A_i 中第 i 类的原始字典轨迹为 $\tilde{A}_i = [\tilde{\vartheta}_{i,1}, \cdots, \tilde{\vartheta}_{i,ni}]$。因此，$\tilde{A}_i$ 和 $\tilde{y}$ 之间的轨迹相似度计算如式（4.30）所示：

$$sim(\tilde{A}_i, \tilde{y}) = \max\left[\frac{\Theta(\tilde{\vartheta}_{i,1} \cdot \tilde{y})}{\Theta(\|\tilde{\vartheta}_{i,1}\| \cdot \|\tilde{y}\|)}, \cdots, \frac{\Theta(\tilde{\vartheta}_{i,n_i} \cdot \tilde{y})}{\Theta(\|\tilde{\vartheta}_{i,n_i}\| \cdot \|\tilde{y}\|)}\right] \quad (4.30)$$

式中 $\Theta(\cdot)$ 是对不同轨迹长度进行剪短操作，按照两两轨迹中短的轨迹为标准剪切长的轨迹。

为了增加轨迹相似度的调节作用，定义 ω_i 如式（4.31）所示：

$$\omega_i = \alpha \cdot e^{\beta \cdot sim(\tilde{A}_i, \tilde{y})} \quad (4.31)$$

式中 α 和 β 为两个修正参数以控制轨迹相似度的影响作用。

综上，本书提出基于 p 范数稀疏重构识别车辆轨迹类别方法，如算法 4.3 所示。

算法 4.3 基于 p 范数稀疏重构的车辆行为识别方法

输入：训练轨迹字典 $A = [A_1, A_2, \cdots, A_k]$，测试轨迹 y。

1. 标准化轨迹字典 A 和测试 y。

2. 基于 p 范数稀疏重构方法利用算法 1 求解测试轨迹 y 相对应字典轨迹的系数矩阵 σ_{all}（或者是求解 p 范数稀疏重构模型）：

$$f(\sigma) := \|A\sigma - y\|_2^2 + \gamma \|\sigma\|_p^p$$

3. 计算残差向量 R_{all}。

4. 计算 $Classification(y) = \omega_i \times \arg\min_i(R_i), i \in (1,2,3\cdots,k)$。

输出：测试轨迹的类。

车辆正常轨迹类比较规范，容易获取部分车辆轨迹行为样本，但对于车辆的违法行为，可能是各种各样的，而且具有很强的个性化，因此在轨迹字典中难以构建完整的违法驾驶轨迹样本。因此，本书提出违法驾驶识别分为有监督的违法驾驶识别（轨迹字典包含该轨迹类别的训练样本）和无监督的违法驾驶识别（轨迹字典中不包含该类轨迹的训练样本）。而算法4.3"基于p范数稀疏重构的车辆行为识别方法"只能进行有监督违法驾驶识别，不能实现无监督的违法驾驶识别。根据稀疏重构方法在人脸识别中的应用[80]，本书提出基于轨迹相似度权重对违法驾驶识别。假设$\tilde{z}$是违法驾驶类中的一条轨迹，$\tilde{A}$为字典，那么定义$Sim(\tilde{z},\tilde{A})$为$\tilde{z}$和$\tilde{A}$之间的相似度，如式（4.32）所示：

$$Sim(\tilde{z},\tilde{A}) = \max_i [sim(\tilde{z},\tilde{A}_i)] \tag{4.32}$$

因为$\tilde{z}$不属于字典中的任何类，那么$\tilde{z}$和$\tilde{A}$的相似度值较小。根据Wright[81]等人的理论，相似度$Sim(\tilde{z},\tilde{A})$的值应不超过一个阈值$\varepsilon_1[\varepsilon_1 \in (0,1)]$，并且定义为违法驾驶类别。根据经验，本书选用$\varepsilon_1 = 0.75$作为判断阈值，该阈值可根据真实轨迹数据进行调整。为了提高违法驾驶的识别率，也考虑测试轨迹的位于两个类别之间的边缘处，既测试轨迹与两个类之间的轨迹相似度值大小接近。在这种情况下，也定义轨迹$\tilde{z}$为违法驾驶类别。对于轨迹$\tilde{z}$处于两个轨迹样本$\tilde{A}_{\max 1}$和$\tilde{A}_{\max 2}$之间，那么违法驾驶识别规则如式（4.33）所示：

$$sim(\tilde{z},\tilde{A}_{\max 1}) - sim(\tilde{z},\tilde{A}_{\max 2}) < \varepsilon_2 \tag{4.33}$$

式中 $\varepsilon_2 \in (0,1)$是一个预先设定的阈值，该阈值可以由真实数据实验获取，本书选取0.05为ε_2的阈值。

因此，本书提出一种半监督学习方法识别违法驾驶——基于l^p稀疏重构和轨迹相似度的违法驾驶识别方法（Similarity Sparsity Model, SSM），如算法4.4所示。

算法 4.4 基于 l^p 稀疏重构和轨迹相似度的违法驾驶识别方法（SSM）

输入：训练轨迹字典 $A = [A_1, A_2, \cdots, A_k]$，测试轨迹 y。

1. 标准化轨迹字典 A 和测试 y。
2. 根据算法 4.3 求解 p 范数稀疏重构模型：
$$f(\sigma) := \| A\sigma - y \|_2^2 + \gamma \| \sigma \|_p^p$$
3. 计算残差向量 R_{all}。
4. 计算轨迹相似度 $sim(\tilde{A}_i, \tilde{y})$。
5. 如果 $sim(\tilde{A}_i, \tilde{y}) > \varepsilon_1$。
6. 那么 计算 $Classification(y) = \omega_i \times \arg\min_i (R_i) \quad i \in (1, 2, 3, \cdots, k)$。
7. 否则 计算 $sim(\tilde{z}, \tilde{A}_{\max 1}) - sim(\tilde{z}, \tilde{A}_{\max 2}) < \varepsilon_2$ 是否成立。

输出：测试轨迹的类。

4.2.4 基于混合核函数稀疏重构的违法驾驶识别方法

4.2.3 构建了稀疏重构的违法驾驶识别方法，在稀疏重构方法中基本的模型是一个线性模型，而部分违法驾驶对车辆运动特征的影响非常不规律，违法驾驶的车辆运动数据可能存在线性不可分的问题[82]。在这种情况下，SSM 对违法驾驶的识别率将受到影响，因此本节提出使用混合核函数优化 SSM 模型，以提高违法驾驶的识别率。

线性机器学习算法使用的特征是对样本的线性组合，那么对于非线性的问题，线性机器学习算法需要非线性的学习算法对其进行优化，核函数为一种广泛使用的非线性映射方法。核函数方法与传统算法的思想之间存在很大区别，传统算法是尽量降低特征空间维度，但核函数方法是尽量提升特征空间的维度，以实现特征在原空间里线性不可分的问题转换为在高维空间里线性可分的问题。在高维空间里，特征之间的内积计算仍是原始低维空间中样本内积的核计算，那么在高维空间里核函数算法只是改变了样本内积计算的方法，而没有增加计算的复杂度。本书用下面的例子对核函数方法进行说明[83]。一个核函数：

$$\phi: \mathbf{R}^2 \to \mathbf{R}^3 \qquad (4.34)$$

$$x \to T := \phi(x)$$

$$(x_1, x_2) \to (T_1, T_2, T_3) := (x_1^2, \sqrt{2}x_1x_2, x_2^2)$$

式（4.34）的几何意义如图4.10所示。

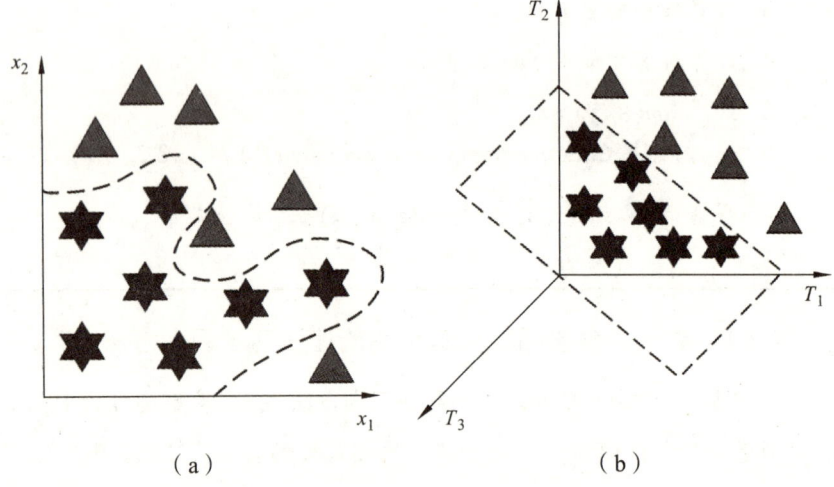

图4.10 核函数方法几何意义

由图4.10可知，在原特征空间4.10（a）中，两类特征是线性不可分的，通过核函数方法转换为高维特征空间4.10（b），在高维空间中可以实现两类特征的线性可分。

一个函数如果是核函数，那么这个函数需要是半正定函数。半正定核函数描述的是如果 $\phi(x, y) \in K_\infty(X \times Y)$ 是连续的并且对称的，那么 $\forall f \in K_\infty(X)$，满足式（4.35），那么 $\phi(x, y)$ 为半正定核函数。

$$\int \phi(x, y) f(y) \mathrm{d}x \mathrm{d}y \geqslant 0 \qquad (4.35)$$

假如数据是离散数据，$x_1, x_2, \cdots, x_n \in X$，$i \in \mathbf{R}, (i = 1, 2, \cdots, n)$，如果 $\phi(x, y) \in K_\infty(X \times Y)$，则

$$\sum_{i,j} c_i c_j \phi(x,y) \geqslant 0 \tag{4.36}$$

如果特征空间为 $X=\{x_1,x_2,\cdots,x_n\}$，并且 $\phi(x,T)$ 是关于 X 的对称函数，那么存在一个正交矩阵 Q，使得 $\phi = Q \vee Q'$，其中 V 为对角矩阵。因此，一个函数若为核函数的充分条件是 $\varnothing(x,y)$ 为半正定。

在核函数理论中，Mercer 定理[84]用来判别一个函数是否为核函数，该定理是核函数中的重要理论。

令 X 是 $\mathbf{R}^n$ 上的一个紧凑子集，如果有连续的对称函数 $\varnothing = X \times X \to \mathbf{R}$。

$$\int \phi(x,x')f(x)f(x')\mathrm{d}x\mathrm{d}x' \geqslant 0 \tag{4.37}$$

其中，对于任意的 f 是属于 $K_2(X)$，$\int f^2(x) < \infty$，那么

$$\phi(x,x') = \sum_i \lambda_i k_i(X) k_i(X') \tag{4.38}$$

其中，$\lambda_i \geqslant 0$ 是特征值，$k_i(X)$ 是特征函数。特征映射如式（4.39）所示：

$$K(X) := \begin{bmatrix} \sqrt{\lambda_1} k_1(X) \\ \sqrt{\lambda_2} k_2(X) \\ \vdots \\ \sqrt{\lambda_n} k_n(X) \end{bmatrix} \tag{4.39}$$

内积为

$$\begin{aligned} \langle K(X), K(X') \rangle &:= \left\langle \begin{bmatrix} \sqrt{\lambda_1} k_1(X) \\ \sqrt{\lambda_2} k_2(X) \\ \vdots \\ \sqrt{\lambda_n} k_n(X) \end{bmatrix}, \begin{bmatrix} \sqrt{\lambda_1} k_1(X) \\ \sqrt{\lambda_2} k_2(X) \\ \vdots \\ \sqrt{\lambda_n} k_n(X) \end{bmatrix} \right\rangle \\ &= \sum_i \lambda_i k_i(X) k_i(X') = \phi(\mathrm{x},x') \end{aligned} \tag{4.40}$$

上述映射即为 Mercer 映射，其相对应的核为 Mercer 核。

目前，常见的核函数有 Sigmoid 核函数、多项式核函数、线性核函

数和径向基核函数。

Sigmoid 核函数是一种 S 型的函数，它也被称作为 S 形生长曲线，其定义如式（4.41）所示：

$$\phi(x) = \tanh(\gamma \langle x \cdot y \rangle + h) \quad (4.41)$$

其中 γ 和 h 是 Sigmoid 核函数的两个参数，γ 是设置 gamma 的参数，默认值一般为 $1/k$，其中 k 为特征的类别个数，h 默认值一般为 0。

多项式核函数的定义如式（4.42）所示：

$$\phi(x, y) = (\langle x \cdot y \rangle + \boldsymbol{R})^d \quad (4.42)$$

其中 $\boldsymbol{R} \geq 0$，如果 $\boldsymbol{R}=0$，那么该多项式函数为齐次多项式函数，如果 $\boldsymbol{R}>0$，那么该多项式函数为非齐次多项式函数。

线性核函数的定义如式（4.43）所示：

$$\phi(x, y) = x^T y \quad (4.43)$$

线性函数一般不需要参数的设置。

径向基核函数（Radial Basis Function，RBF）是沿径向对称的标量函数，其定义一般是一个单调函数表示空间中任一点与某一个中心之间欧式距离。常用的径向基函数是高斯核函数，其定义如式（4.44）所示：

$$\phi(x) = k(x, y) = e^{[-\|x-y\|^2 / (2\sigma^2)]} \quad (4.44)$$

4.2.5 混合核构建

根据 Wright[81]等人和 Mo[82]等人的理论，任何一条测试运动轨迹都可以在近似的字典中与测试轨迹相同类的训练轨迹样本性组合而成。车辆运动轨迹可以用一个向量 $\boldsymbol{\vartheta}$（$\boldsymbol{\vartheta} \in \boldsymbol{R}^m$）表示，矩阵 $\boldsymbol{A}_i = [\boldsymbol{\vartheta}_{i,1}, \cdots, \boldsymbol{\vartheta}_{i,n_i}]$ 包含来自第 i 类车辆行为的 n_i 条车辆运动轨迹样本。$\boldsymbol{A}_i = [\boldsymbol{A}_1, \boldsymbol{A}_2, \cdots, \boldsymbol{A}_k]$ 是轨迹字典，一个新的车辆轨迹 $y_i \in \boldsymbol{R}^m$ 可以用 $y_i = \boldsymbol{A}\boldsymbol{\sigma}$ 进行表示。求解系数向量 $\boldsymbol{\sigma}$ 的问题可以转换为如式（4.45）的优化问题。

$$\hat{\sigma}_0 = \arg\min \|\sigma\|_0 \quad (4.45)$$

$$\text{subject to } y = A\sigma$$

因式（4-45）的求解是 NP-hard 问题，许多研究者放松 l^0 范数稀疏求解问题到凸优化问题，将求解 l^0 范数稀疏问题转变为 l^1 范数或 l^2 范数稀疏求解问题，在 4.2.4 中，本文书将正规项 $\gamma\|\sigma\|_p^p$ 约束优化问题转换到无约束的问题上，如式（4.46）所示。

$$f(\sigma) := \|A\sigma - Y\|_2^2 + \gamma\|\sigma\|_p^p \quad (4.46)$$

因稀疏重构的基本模型是一个线性模型，而车辆的违法驾驶对车辆运动特征的影响非常不规律，违法驾驶轨迹数据可能存在线性不可分的问题，为了使稀疏重构模型准确地识别违法驾驶的轨迹，本书使用核函数优化稀疏重构模型。

违法驾驶轨迹的数据结构比较多样化，使用单个核函数处理这些数据可能不能得到很好的效果。例如，在一个二维的向量空间中，如果一个违法驾驶轨迹数据满足 Sigmoid 分布，而另一个违法驾驶轨迹数据服从多项式分布，在这种情况下，如果核函数使用 Sigmoid 核函数，那么因有多项式分布的轨迹数据的存在，违法驾驶轨迹的识别精度受到影响。但如果核函数采用多项式核函数，那么因有 Sigmoid 分布的轨迹数据存在，违法驾驶轨迹的识别精度也会受到影响。

单个核函数主要分为两类：一类是全局性核函数，另一类是局部性核函数。全局性核函数的特点是无论数据点与测试点的距离是近还是远，其性能都会受到影响，该类型的核函数泛化能力较强，但其具有较弱的学习能力。在核函数中，一种代表性的全局性核函数是多项式核函数。局部性核函数的特点是只有核函数数据点在测试点附近的时候，核函数的性能才有明显作用。该类型的核函数的学习能力很强，但其泛化能力较弱，在核函数中，高斯核函数是一种有代表性的局部性核函数。因此如果把全局性核函数与局部性核函数结合起来，形成混合核函数，那么混合核函数可以在泛化能力和学习能力之间选取最优。因此，混合核函数用于稀疏重构模型中将能更好地发挥核函数的作用。

混合核函数也具有一定的构造规则：

定理 4.2 假设 K_1，K_2 在 $X \times X$ 上是核函数，其中 $X \in \boldsymbol{R}^n$，f 为 X 上的实函数，$q(x)$ 为一个多项式，且系数为正，映射 $\Phi: X \rightarrow F$。B 为 $n \times n$ 的半正定对称矩阵，K_3 为 $\boldsymbol{R}^n \times \boldsymbol{R}^n$ 上的核函数，那么以下的核函数组合后依然是核函数。

（1） $K(x,y) = f(x)f(y)$；

（2） $K(x,y) = K_1(x,y) + K_2(x,y)$；

（3） $K(x,y) = K_1(x,y)K_2(x,y)$；

（4） $K(x,y) = K_3[\varphi(x), \varphi(y)]$；

（5） $K(x,y) = e[K_1(x,y)]$；

（6） $K(x,y) = x^{\mathrm{T}}By$；

（7） $K(x,y) = aK_1(x,y)$，$(a \in \boldsymbol{R}^+)$。

定理 4.3 假设 $q(x)$ 为个多项式，且系数为正，映射 $\Phi: X \rightarrow F$，$K_i(x \cdot y)$ 在 $X \times X$ 上是核函数，那么以下函数均为核函数：

（1） $K(x,y) = \exp[K_i(x \cdot y)]$；

（2） $K(x,y) = pK_i(x \cdot y)$；

（3） $K(x,y) = \sum_{i=1}^{n}\sum_{j=1}^{n} K_i(x \cdot y)K_j(x \cdot y)$。

从根本上说 k 个核函数凸组合起来就是混合核函数构成的方法，如式（4.47）所示。

$$K(x,y) = \sum_{m=1}^{M} \rho_m K_m(x,y) \tag{4.47}$$

式中 $\rho_m \geq 0$，$m = 1, 2, \cdots, M$；$K_m(\cdot)$ 符合 Mercer 定理。

本书使用常用的一种典型的全局性核函数多项式核函数与一种有代表性的局部性核函数高斯核函数进行组合，进而构建混合核函数其形式如式（4.48）所示。

$$K(x,y) = [\phi(x), \phi(y)] = \tau K_1(x,y) + (1-\tau)K_2(x,y), (0 \leq \tau \leq 1) \quad (4.48)$$

下面对构建的混合核函数是否满足 Mercer 理论进行证明。

证明：

设 K_1、K_2 为核矩阵，任一向量 $\tau \in R^n$，$K = (K_1 + K_2)$ 是一个新的矩阵。对于核矩阵 K_1、K_2，所有的 τ 满足 $\tau' K_1 \tau \geq 0$ 和 $\tau' K_2 \tau \geq 0$，能够推断式（4.49）成立。

$$\tau' K_1 \tau + \tau' K_2 \tau = \tau'(K_1 + K_2)\tau \geq 0 \quad (4.49)$$

那么 $K_1 + K_2$ 是半正定矩阵，$K_1 + K_2$ 是满足 Mercer 理论，因此构建的混合核函数 $K(x,y)$ 是核函数。

4.2.6 混合核优化稀疏重构模型

基于构建的混合核函数，违法驾驶行为训练样本和测试样本映射到高维空间如式（4.50）和（4.51）所示。

$$\alpha_i \to \varphi(\alpha_i) \quad (4.50)$$

$$y \to \varphi(y) \quad (4.51)$$

那么稀疏重构模型转换为如式（4.52）所示：

$$f(\sigma^*) := \| \varphi(y) - A_\varphi \sigma^* \|_2^2 + \gamma \| \sigma^* \|_p^p \quad (4.52)$$

为了求解稀疏系数和稀疏向量，本章定义一个新的计算操作 $O(\cdot)$。

定义 1 设矩阵 $M \in R^{n \times n}$，$m_{i,j} \in M$，$\varpi \in R^{n \times n}$，$d \in R$，$u \in R$，$O(M_d, M_u)$ 是一个新的矩阵，该矩阵是有 M 中 d^{th} 列和 u^{th} 组成。其计算过程如式（4.53）和式（4.54）所示。

$$\varpi_d = [Q_1 \quad Q_2 \quad \cdots \quad Q_d \quad Q_{d+1} \quad \cdots \quad Q_n] = \begin{bmatrix} 0 & 0 & 0 & \cdots & 0 \\ 0 & 0 & 0 & \cdots & 0 \\ \vdots & \vdots & \vdots & & \vdots \\ 1 & 1 & 1 & \cdots & 1 \\ 0 & 0 & 0 & 0 & 0 \\ \vdots & \vdots & \vdots & & \vdots \\ 0 & 0 & 0 & 0 & 0 \end{bmatrix} \quad (4.53)$$

$$O(M_d, M_u) = [(\varpi_d \cdot M), (\varpi_u \cdot M)]^T$$

$$= \begin{bmatrix} \begin{bmatrix} 0 & 0 & 0 & \cdots & 0 \\ 0 & 0 & 0 & \cdots & 0 \\ \vdots & \vdots & \vdots & & \vdots \\ 1 & 1 & 1 & 1 & 1 \\ 0 & 0 & 0 & 0 & 0 \\ \vdots & \vdots & \vdots & & \vdots \\ 0 & 0 & 0 & 0 & 0 \end{bmatrix} \cdot \begin{bmatrix} m_{1,1} & m_{1,2} & m_{1,3} & \cdots & m_{1,n} \\ m_{2,1} & m_{2,2} & m_{2,3} & \cdots & m_{2,n} \\ \vdots & \vdots & \vdots & & \vdots \\ m_{i,1} & m_{i,2} & m_{i,3} & \cdots & m_{i,n} \\ \vdots & \vdots & \vdots & & \vdots \\ m_{n,1} & m_{n,2} & m_{n,3} & \cdots & m_{n,n} \end{bmatrix}^T \\ \begin{bmatrix} 0 & 0 & 0 & \cdots & 0 \\ 0 & 0 & 0 & \cdots & 0 \\ \vdots & \vdots & \vdots & & \vdots \\ 0 & 0 & 0 & 0 & 0 \\ 1 & 1 & 1 & 1 & 1 \\ \vdots & \vdots & \vdots & & \vdots \\ 0 & 0 & 0 & 0 & 0 \end{bmatrix} \cdot \begin{bmatrix} m_{1,1} & m_{1,2} & m_{1,3} & \cdots & m_{1,n} \\ m_{2,1} & m_{2,2} & m_{2,3} & \cdots & m_{2,n} \\ \vdots & \vdots & \vdots & & \vdots \\ m_{i,1} & m_{i,2} & m_{i,3} & \cdots & m_{i,n} \\ \vdots & \vdots & \vdots & & \vdots \\ m_{n,1} & m_{n,2} & m_{n,3} & \cdots & m_{n,n} \end{bmatrix}^T \end{bmatrix} \quad (4.54)$$

$$= [m_d m_u]$$

对于混合核函数的稀疏重构模型求解问题,本节提出混合核正交匹配追踪算法(Hybrid Kernel Orthogonal Matching Pursuit,HKOMP),其计算过程如算法 4.5 所示。

算法 4.5 混合核正交匹配追踪算法(HKOMP)

输入:字典 $A = [\alpha_{1,1}, \cdots, \alpha_{1,n}, \cdots, \alpha_{k,1}, \cdots, \alpha_{k,n}]$,新的测试矩阵 $Y = [y_1 y_2 \cdots y_h] \in R^{m \times h}$,残差阈值 ε,混合核函数 K。

1. 初始化:稀疏系数 $\sigma^* = \varnothing$,迭代次数 $g=1$,计算核矩阵 C_A 和 $C_{A,y}$,引索 $S_0 = \varnothing$。

2. 计算 $S_0 = \arg\max_i \| (C_{A,y})_{i,:} \|_2$。

3. 循环:

(1)计算

$$H_g = C_{A,y} - O(C_{A,:}, C_{A_{S_{0-1}}}) \left[O(C_{A_{S_{0-1}}}, C_{A_{S_{0-1}}}) + \lambda I \right]^{-1} O(C_{A,y}, C_{A,y_{S_{0-1}}})$$

(2)选择新的 $j_q = arc\max_i \| H_q \|_2$

（3）更新 $S_i = j_q$

（4）更新引索 $S_q = S_{q-1} \cup \{S_i\}$

（5）$g \leftarrow g+1$

6）如果 $\| \varphi(y) - A_{\varphi_{S_g}}(J(C_S,C_S)+\lambda I)^{-1} J(C_{A,y_s},C_{A,y:}) \| < \varepsilon$，停止

4. 结束循环

输出：引索 S，稀疏系数

根据引索和稀疏系数计算残差，在核化后的稀疏重构模型中残差的计算公式如下：

$$\begin{aligned}
R'_i &= \| \varphi(y) - A_\varphi \sigma^* \|_2 \\
&= \sqrt{\left\{ \sum_{i=1}^m [\varphi(y)_i - (A_\varphi \sigma^*)_i]^2 \right\}} \\
&= \sqrt{\left\{ \sum_{i=1}^m [\varphi(y)_i - \sum_{j=1}^m \sigma^*(A_\varphi)_{i,j}]^2 \right\}} \\
&= \sqrt{\sum_{i=1}^m \left\{ \varphi^2(y)_i - 2\varphi(y)_i \sum_{j=1}^{n_1} \sigma_j^*(A_\varphi)_{i,j} + \left[\sum_{j=1}^{n_1} \sigma_j^*(A_\varphi)_{i,j} \right]^2 \right\}} \\
&= \sqrt{\sum_{i=1}^m \varphi^2(y)_i - 2\sum_{j=1}^{n_1}\sigma_j^* \sum_{i=1}^{n_1} \varphi(y)_i(A_\varphi)_{i,j} + \sum_{i=1}^m \left[\sum_{j=1}^m \sigma_j^*(A_\varphi)_{i,j}\right]^2} \\
&= \sqrt{K(y,y) - 2\sigma^{*\mathrm{T}} C_{A,y} + \sigma^{*\mathrm{T}} C_A \sigma^*}
\end{aligned}$$

那么残差误差 R_{all} 转换为如式（4.55）所示：

$$\begin{aligned}
R_{\mathrm{all}} &= [R_1,\cdots,R_k] \\
&= [\|\varphi(y) - A_\varphi \Gamma_1(\sigma^*)\| \cdot \|\varphi(y) - A_\varphi \Gamma_2(\sigma^*)\| \cdots \\
&\quad \|\varphi(y) - A_\varphi \Gamma_i(\sigma^*)\|]
\end{aligned} \quad (4.55)$$

4.2.7 识别结果

为了验证 HKSSM 识别违法驾驶有效性，选择 SVM、l^2 的稀疏重构模型（Sparse Reconstruction with l^2-relaxation，SR-l^2）和单核稀疏重构模型（KSR）作为比较算法。其中，SR-l^2 和 SVM 在前面章节已经介

绍，KSR 是将高斯核函数引入到 l^2 稀疏重构模型。

在本章的研究中，高斯核函数的参数根据经验选择 2.8。在混合核函数中 τ 的值过大或过小对多项式核函数和高斯核函数所占的比例有一定的影响，本章实验中选 τ 为 0.7。

在 CROSS 数据中，违法驾驶包括逆向行驶、违法占道、违法掉头和违法路边行驶等。在该数据集上，SVM，SR-l^2、KSR、SSM 和 HKSSM 对识别违法驾驶的结果如表 4.3 所示。根据表 4.3 所示的结果，HKSSM 识别违法驾驶的精度为 96.5%，高于 SVM（N/A）、SR-l^2（81.5%）和 KSR（86%）。其中，HKSSM 与 SSM 识别违法驾驶的结果相同，其原因是 CROSS 中无训练样本，识别违法驾驶均使用无监督学习的方法。对于 SVM 方法，因训练字典中无违法驾驶轨迹样本，因此该方法不能识别测试数据集中的违法车辆行为。根据 FPR 的值可知使用混合核函数优化稀疏重构方法（HKSSM）识别违法驾驶的精度好于使用单核优化的方法 KSR 和没有核化的稀疏重构方法（SSM）识别违法驾驶的精度。

表 4.3 CROSS 数据上违法驾驶识别结果

方法	违法驾驶识别		
	个数	TPR	FPR
SVM	0/200	N/A	N/A
SR-l^2	163/200	81.5%	5.38%
KSR	172/200	86%	9.1%
SSM	193/200	96.5%	3.6%
HKSSM	193/200	96.5%	2.69%

在 Stop sign 数据集中，违法驾驶是车辆到达 Stop sign 后倒退。在该数据集上，SVM，SR-l^2、SRK 和 HKSSM 对违法驾驶识别的结果如表 4.4 所示。本章提出的方法 HKSSM 识别违法驾驶的精度为 98.9%，

高于其他所比较的算法。根据表 4.4 中的 TPR 和 FPR 可知，本章提出的算法识别违法驾驶的精度优于其他比较的算法。对于 SVM 方法，因训练字典中具有比较少的违法驾驶样本，因此该方法识别违法驾驶的精度较低。

表 4.4 Stop Sign 数据上违法驾驶识别结果

方法	违法驾驶识别		
	个数	TPR	FPR
SVM	1/90	1.1%	1.8%
SR-l^2	72/90	80%	2.7%
KSR	79/90	87.8%	2.3%
SSM	86/90	95.6%	1.7%
HKSSM	89/90	98.9%	1.7%

在 i-LIDA 数据中，SVM，SR-l^2、SRK 和 HKSSM 对违法驾驶识别的结果如表 4.5 所示。HKSSM 方法识别违法驾驶和 SSM 方法识别违法驾驶的精度都为 100%，在该数据上两个方法的识别效果相同，可能的原因是在该数据的测试样本中违法驾驶样本数较少。

表 4.5 i-LIDA 数据集上违法驾驶识别结果

方法	违法驾驶识别		
	个数	TPR	FPR
SVM	0/3	0	3.3%
SR-l^2	2/3	66.7%	5.3%
KSR	2/3	66.7%	4%
SSM	3/3	100%	1.33%
HKSSM	3/3	100%	0.67%

在 Car parking 数据集中，违法驾驶是车辆在停车场内逆行和绕行。

在该数据集上，SVM、SR-l^2、SRK 和 HKSSM 对违法驾驶识别的结果如表 4.6 所示。HKSSM 识别违法驾驶的精度为 93.3%高于其他所比较的方法。同时根据表 4.6 中的 FPR 的值可知，HKSSM 方法的 FPR 值最小，说明 HKSSM 具有较低的错误分类率。

表 4.6　Car Parking 数据集上违法驾驶识别结果

方法	违法驾驶识别		
	个数	TPR	FPR
SVM	32/60	53.3%	4.5%
SR-l^2	49/60	81.7%	4%
KSR	53/60	88.3%	2.5%
SSM	51/60	85%	2.5%
HKSSM	56/60	93.3%	1.5%

通过实验结果可知，基于混合核函数的稀疏重构优化方法（HKSSM）识别违法驾驶的精度最高。

4.3　小　结

本章将稀疏重构理论应用到车辆危险行为识别领域。稀疏重构模型需要求解 l^0 范数约束最小化问题，但该问题是 NP-hard 问题，目前的研究学者将该问题转换为 l^1 范数或 l^2 范数约束最小化问题进行求解。为了获取更佳的解，本章将求解 l^0 范数约束最小化问题转换为 l^p 范数约束最小化问题进行求解，并提出了 OMPN 求解算法。并在此基础上，将相似度引入稀疏重构方法中，提出适用于识别违法驾驶的 SSM 方法。

为了提高稀疏重构模型对违法驾驶的识别效果，对上述的 SSM 进行优化。稀疏重构的基本模型是一个线性模型，而违法驾驶对车辆运动特征的影响非常不规律，违法驾驶轨迹数据可能存在线性不可分的问题，影响 SSM 的识别效率。本章使用混合核函数作为稀疏重构模型中的核函数，并在此基础上提出了 HKSSM 违法驾驶识别方法。为了验证 HKSSM 方法的有效性，选用 SVM、SR-l^2、KSR 和 SSM 作为比较算法，结果表明 HKSSM 算法识别违法驾驶的准确率最高。

第 5 章 总 结

智能网联交通系统作为智能交通系统的高级发展形式，是物联网在交通运输领域的重要应用。智能网联环境下车辆运动行为的理解与分析一方面可以促进驾驶决策更加智能化和人性化，另一方面也推动了智能网联交通的发展。因此，探讨智能网联环境下车辆运动行为的理解方法是至关重要的。本书以智能网联环境下车辆运动行为理解为目标，详细介绍了车辆运动信息采集方法、车辆运动信息表征方法和车辆运动行为分析方法。

第 1 章首先从智能网联的内涵分析了其在交通领域的应用；然后定义了车辆运动行为理解的概念并分析了智能网联环境下研究车辆运动行为理解方法的必要性和迫切性；再讨论了智能网联交通系统、智能网联汽车、智能交通测试场地以及车路协同的发展历程和现状；最后讨论了车辆运动行为理解的研究现状。车辆运动行为理解方法目前主要包括基于生物信息识别、基于驾驶人操作信息识别、基于机器视觉信息识别、基于车辆运动识别和基于机器学习识别的方法。如今，智能网联交通不仅是构建新型交通运输体系的重要平台，而且在实现节能减排等方面也具有重大意义，因此对智能网联交通环境下车辆运动行为理解方法的研究十分重要。

在智能网联环境下，车辆运动信息的采集不仅仅从传统的单车视角，在其他技术的支撑下，车辆运动信息的采集方法也发生了转变。第

2 章介绍了智能网联环境下车辆运动信息采集方法，包括基于自车传感器的方法和基于路侧传感器的方法。本章首先针对自车信息采集使用到的传感器进行了描述，包括 CAN、GPS、加速度计、惯性导航、SLAM 等传感器的介绍和基于视觉的车道线信息采集方法；另外，多元信息融合是智能信息处理的一个重要研究领域，本章介绍了常用的多元信息融合算法；最后对基于路侧视觉、基于路侧激光雷达、基于路侧微波雷达的采集方法进行了介绍。掌握并熟练运用基于自车传感器和基于路侧传感器等多种信息采集方法在车辆运动行为分析的工程应用。

第 3 章智能网联环境下车辆运动信息表征方法，首先从车辆运动特征选择算法入手，介绍了车辆运动特征选择在车辆运动行为理解方法中的重要性；然后讨论了特征选择的基本框架并详细介绍了框架中的四要素；紧接着分别讨论了 Wrapper 型、Filter 型和 Embedded 型特征选择算法的不同之处，针对 Filter 型特征选择算法在相关性和冗余性的基础上补充了特征间互补性的定义；最后讨论了一种基于信息熵的评价标准和基于冗余互补的车辆特征提取算法。另外，在选择出对车辆运动行为理解贡献较大的特征后，需要进行车辆运动轨迹的表征，本章介绍了 Haar 小波系数法、Discrete Fourier Transform（DFS）变换法、Cheybyshev 多项式系数法和最小二乘 B 样条曲线逼近法 4 种常用的目标轨迹表征算法，并在车辆运动轨迹数据集上比较了这 4 种方法的优越性，结果表明最小二乘 B 样条曲线逼近法在车辆运动轨迹表征上具有最好的效果。

第 4 章介绍了智能网联环境下车辆运动行为分析方法，首先提出了 SVM 的车辆运动行为的识别算法，并提出了粒子群优化算法对 SVM 参数的优化，与传统的未优化 SVM、朴素贝叶斯和最邻近算法作为对比，识别效果相比于其他算法都有明显的提升；其次对于车辆行为分析问题，引出了 l^0 范数约束最小化问题，然后将其转换为 l^p 范数约束最小化问题进行求解，并在此基础上，将相似度引入稀疏重构方法中，提出适用于识别违法驾驶的 SSM 方法；然后使用混合核函数作为稀疏重构模型中的核函数，并在此基础上提出了 HKSSM 方法进行违法驾驶识别，结果表明 HKSSM 方法具有较高的准确率。

智能网联交通系统为迅速发展车辆自动驾驶、解决交通问题提供了一种新的思路和实施途径。与发达国家相比，我国在发展车辆自动驾驶、智能交通等方面还存在一定的差距，但通过对智能网联环境下的车辆运动行为进行理解分析，可以促进智能化驾驶决策的进步，促进国内无人驾驶技术的普及和应用。

参考文献

[1] 陈志军. 基于运动特征的车辆危险行为识别方法研究[D]. 武汉理工大学，2016.

[2] 冉斌，谭华春，张健，等. 智能网联交通技术发展现状及趋势[J]. 汽车安全与节能学报，2018，9（02）：119-130.

[3] LAL S K，CRAIG A，BOORD P，et al. DEVELOPMENT OF AN ALGORITHM FOR AN EEG-BASED DRIVER FATIGUE COUNTERMEASURE[J]. Journal of Safety Research，2003，34（3）：321-328.

[4] SCHIER M. Changes in EEG alpha power during simulated driving：a demonstration[J]. International Journal of Psychophysiology，2000，37（2）：155-162.

[5] 王炳浩，魏建勤，吴永红. 汽车驾驶员瞌睡状态脑电波特征的初步探索[J]. 汽车工程，2004（01）：70-72.

[6] 付荣荣，王宏，张扬，等. 基于可穿戴传感器的驾驶疲劳肌心电信号分析[J]. 汽车工程，2013，35（12）：1143-1148.

[7] WIERWILLE W W，ELLSWORTH L A，WREGGIT S S，et al. Research on Vehicle-Based Driver Status/Performance Monitoring；Development，Validation，and Refinement of Algorithms For Detection of Driver Drowsiness[R]. National Highway Traffic Safety Administration. Report No. DOT HS 808247，1994.

[8] EBISAWA Y. Improved video-based eye-gaze detection method[J]. IEEE Transactions on Instrumentation and Measurement, 1998, 47 (4): 948-955.

[9] GRACE R, BYRNE V E, BIERMAN D M, et al. A drowsy driver detection system for heavy vehicles[C]. document analysis systems, 1998.

[10] BETKE M, MULLALLY W. Preliminary investigation of real-time monitoring of a driver in city traffic[C]. ieee intelligent vehicles symposium, 2000: 563-568.

[11] KITHIL P W, JONES R D, MAC CUISH J. Development of Driver Alertness Detection System Using Overhead Capacitive Sensor Array[A]. SAE Technical Paper Series 982292, 1998.

[12] FAN X, YIN B, SUN Y, et al. Yawning Detection for Monitoring Driver Fatigue[C]. international conference on machine learning and cybernetics, 2007: 664-668.

[13] YANG J H, MAO Z, TIJERINA L, et al. Detection of Driver Fatigue Caused by Sleep Deprivation[C]. systems man and cybernetics, 2009, 39 (4): 694-705.

[14] ESKANDARIAN A, SAYED R, DELAIGUE P, et al. Advanced driver fatigue research [R], Washington, DC, Report No. FMCSA-RRR-07-001, 2007.

[15] 廖传锦, 黄席樾, 柴毅. 基于多传感器信息融合的目标跟踪与防撞决策[J]. 控制理论与应用, 2005 (01): 127-133.

[16] COLLINS R, LIPTON A J, KANADE T, et al. A system for video surveillance and monitoring: VSAM final report [R]. Carnegie Mellon University: Technical Report CMU, 2000.

[17] HARITAOGLU I, HARWOOD D, DAVIS L S, et al. W/sup 4/: real-time surveillance of people and their activities[J]. IEEE Transactions on Pattern Analysis and Machine Intelligence, 2000, 22（8）: 809-830.

[18] 贾冬冬. AutoScope 视频车辆检测系统在高速公路监控系统中的应用[J]. 公路交通科技, 2003（S1）: 48-51.

[19] 王相海, 丛志环, 方玲玲, 秦钜鳌. 基于 HMM 的车辆行驶状态实时判别方法研究[J]. 自动化学报, 2013, 39（12）: 2131-2142.

[20] 施毅, 黄卫, 路小波, 等. 基于 GSOM 神经网络模型的交通行为模式学习方法研究[J]. 公路交通科技, 2008（05）: 121-125.

[21] 吴一全, 刘莉. 基于视觉的车道线检测方法研究进展[J]. 仪器仪表学报, 2019, 40（12）: 92-109.

[22] 台啟龙. 基于机器视觉的复杂环境车道线检测算法研究[D]. 广州: 华南理工大学, 2019.

[23] 蒋一国. 基于 GAN 的车道线检测算法研究[D]. 长春: 吉林大学, 2020.

[24] 刘洋, 王海晖, 向云露, 等. 基于改进的 Adaboost 算法和帧差法的车辆检测方法[J]. 华中科技大学学报（自然科学版）, 2013, 41（S1）: 379-382.

[25] 王琳. 基于 HOG 和 SVM 的车辆检测算法研究[D]. 武汉: 华中科技大学, 2017.

[26] 曹林, 李佳, 张鑫怡, 等. 一种基于微波雷达回波信号的车型分类方法[J]. 电讯技术, 2020, 60（05）: 542-548.

[27] GUYON I, ELISSEEFF A. An Introduction to Variable and Feature Selection [J]. Journal of Machine Learning Research, 2003, 3（6）: 1157-82.

[28] DASH M, LIU H. Feature selection for classification [J]. Intelligent Data Analysis, 1997, 1（3）: 131-56.

[29] 姚旭, 王晓丹, 张玉玺, 等. 特征选择方法综述 [J]. 控制与决策, 2012, 27（02）: 161-6+92.

[30] 李郅琴, 杜建强, 聂斌, 等. 特征选择方法综述 [J]. 计算机工程与应用, 2019, 55（24）: 10-9.

[31] SOMOL P, PUDIL P, KITTLER J. Fast branch & bound algorithms for optimal feature selection [J]. IEEE Transactions on Pattern Analysis and Machine Intelligence, 2004, 26（7）: 900-12.

[32] ARAUZO-AZOFRA A, MANUEL BENITEZ J, LUIS CASTRO J. Consistency measures for feature selection [J]. Journal of Intelligent Information Systems, 2008, 30（3）: 273-92.

[33] 计智伟, 胡珉, 尹建新. 特征选择算法综述 [J]. 电子设计工程, 2011, 19（09）: 46-51.

[34] QUINLAN J R. Learning efficient classification procedures and their application to chess end games [J]. Machine learning: An artificial intelligence approach, 1983.

[35] QUINLAN J R. C4.5: Programs for Machine Learning [M]. 1993.

[36] QIAN S S. Classification and regression tree [J]. Environmental & Ecological Statistics, 2010, 217-47.

[37] FUREY T S, CRISTIANINI N, DUFFY N, et al. Support vector machine classification and validation of cancer tissue samples using microarray expression data [J]. Bioinformatics, 2000, 16(10): 906-14.

[38] QU G Z, HARIRI S, YOUSIF M. A new dependency and correlation analysis for features [J]. IEEE Transactions on Knowledge and Data Engineering, 2005, 17（9）: 1199-207.

[39] PENG H C, LONG F H, DING C. Feature selection based on mutual information: Criteria of max-dependency, max-relevance, and min-redundancy [J]. IEEE Transactions on Pattern Analysis and Machine Intelligence, 2005, 27(8): 1226-38.

[40] HUANG J, CAI Y, XU X. A parameterless feature ranking algorithm based on MI [J]. Neurocomputing, 2008, 71(7-9): 1656-68.

[41] ZHANG Y, ZHANG Z. Feature subset selection with cumulate conditional mutual information minimization [J]. Expert Systems with Applications, 2012, 39(5): 6078-88.

[42] YU L, LIU H. Efficient feature selection via analysis of relevance and redundancy [J]. Journal of Machine Learning Research, 2004, 5(12): 05-24.

[43] ALBRECHT A A. Stochastic local search for the FEATURE SET problem, with applications to microarray data [J]. Applied Mathematics and Computation, 2006, 183(2): 1148-64.

[44] HALL M A. Correlation-based feature selection for discrete and numeric class machine learning; proceedings of the Seventeenth International Conference on Machine Learning[C]. Stanford University, Stanford, CA, USA, 2000.

[45] FLEURET F. Fast binary feature selection with conditional mutual information [J]. Journal of Machine Learning Research, 2004, 5(15): 31-55.

[46] SBC, AGR, HG. Introduction to Wavelets and Wavelet Transforms: A Primer [M]. Prentice Hall, 1997.

[47] WASSERMAN L. All of Statistics: A Concise Course in Statistical Inference [M]. Springer, 2010.

[48] HANSEN J P, SEKINE M. Decision diagram based techniques for the Haar wavelet transform; proceedings of the International Conference on Information[C]. Communications and Signal Processing F, 2002.

[49] WILLIAM, J, GORDON, et al. Bernstein-Bézier Methods for the Computer-Aided Design of Free-Form Curves and Surfaces [J]. Journal of the Acm, 1974,

[50] DEBOOR C. A Practical Guide to Splines [M]. New York: Springer Verlag, 2001.

[51] SCHUMAKER L. Spline Functions: Basic Theory [M]. New York: Wiley, 1981.

[52] LIU H, SCHNEIDER M. Similarity Measurement of Moving Object Trajectories[C]. proceedings of the ACM SIGSPATIAL International Workshop on Geostreaming, F, 2012.

[53] CORTES C, VAPNIK V. Support vector Network [J]. Machine Learning, 1995, 20 (3): 273-297.

[54] BAZI Y, MELGANI F. Toward an optimal SVM classification system for hyperspectral remote sensing images [J]. IEEE Transaction on Geoscience and Remote Sensing, 2006, 44 (11): 3374-3385.

[55] HUANG C, DAVIS LS, TOWNSHEND J R G. An assessment of support vector machines for land cover classification [J]. International Journal of Remote Sensing, 2002, 23 (4): 725-749.

[56] CHANG C C, LIN C J. LIBSVM: a library for support vector machines [J]. ACM Transactions on Intelligent Systems and Technology, 2011, 2 (3): 289-396.

[57]   KENNEDY J, EBERHART R. Particle swarm optimization [C]. In Proceedings of IEEE International Conference on Neural Networks, 1995, 4 (8): 1942-1948.

[58]   SHI Y, EBERHART R C. Parameter selection in particle swarm optimization [J]. IEEE Symposium on Swarm Intelligence, 1998, 1447 (25): 591-600.

[59]   DONOHO D L, HUO X. Uncertainty Principles and Ideal Atomic Decompositions [J]. IEEE Transactions on Information Theory, 2001, 47 (7): 2845-2862.

[60]   GORODNITSKY I F, GEORGE J S, RAO B D. Neuromagnetic source imaging with FOCUSS: a recursive weighted minimum norm algorithm [J]. Electroencephalogr Clinical Neurophysiol, 1995, 95 (4): 231-51.

[61]   GORODNISTSSKY I, RAO B. Sparse signal reconstruction from limited data using FOCUSS: a reweighted minimum norm algorithm [J]. IEEE Transaction on Signal Processing, 1997, 45(3): 600-616.

[62]   CANDES E J, ROMBERG J, TAO T. Robost Uncertainty Principles: Exact Signals Reconstruction from Highly Incomplete Frequency Information [J]. IEEE Transactions on Information Theory, 2006, 52 (2): 489-509.

[63]   DONOHO D L. For most large underdetermined systems of linear equations the Minimal Il-norm solution is also the sparsest solution [J]. Communications on Pure and Applied Mathematics, 2004, 59 (6): 797-829.

[64]   TROPP J. Just relax: convex programming methods for identifying sparse signals in noise [J]. IEEE Transactions on Information

Theory, 2006, 52 (3): 1030-1051.

[65] BICKEL P J, RITOV Y, TSYBAKOV AB. Simultaneous analysis of Lasso and Dantzig selector [J]. Annals of Statistics, 2009, 37 (4): 1705-1732.

[66] CANDES E, TAO T. The Dantzig selector: Statistical estimation when p is much larger than n [J]. Annals of Statistics, 2007, 35(6): 2313-2351.

[67] CANDES E J, TAO T. Decoding by linear programming [J]. IEEE Transactions on Information Theory, 2005, 34 (4): 435-443.

[68] MALLAT S, ZHANG Z. Matching Pursuit with Time-frequency Dictionaries [J]. IEEE Transactions on Signal Processing, 1993, 41 (12): 3397-3415.

[69] TROPP J. Greed is good: algorithmic results for sparse approximation [J]. IEEE Transactions on Information Theory, 2004, 50 (10): 2231-2242.

[70] NEEDEL D, TROPP J A. CoSaMP: Iterative signal recovery from incomplete and inaccurate samples [J]. Applied and Computational Harmonic Analysis, 2009, 26 (3): 301-321.

[71] VARADARAJAN B, KHUDANPUR S, TRAN T D. Stepwise Optimal Subspace Pursuit for Improving Sparse Recovery [J]. IEEE Signal Processing Letters, 2011, 18 (1): 27-30.

[72] TROPP J A, GILBERT A C. Signal recovery from random measurements via orthogonal matching pursuit [J]. IEEE Transactions on Information Theory, 2007, 53 (12): 4655-4666.

[73] CAI T T, WANG L. Orthogonal matching pursuit for sparse signal recovery with noise [J]. IEEE Transactions on Information Theory,

2011, 57（7）: 4680-4688.

[74] WRIGHT J, YANG A Y, GANESH A, et al. Robust face recognition via sparse representation [J]. IEEE Transactions on Pattern Analysis and Machine Intelligence, 2009, 31（2）: 1-18.

[75] MO X, MONGA V, BALA R, et al. Adaptive sparse representations for video anomaly detection [J]. IEEE Transactions on Circuits and Systems for Video Technology, 2014, 24（4）: 631-645.

[76] TARONE R E, WARE J. On distribution-free tests for equality of survival distributions [J]. Biometrika, 1977, 64（1）: 156-160

[77] CHARTRAND R. Nonconvex regularization for shape preservation [C]. In Proceedings of IEEE International Conference on Image Processing, 2007, 1（1）: 1-293-1-296.

[78] CHARTRAND R, YIN W. Iteratively reweighted algorithms for compressive sensing [C]. In Proceedings of International Conference on Acoustics, Speech and Signal Processing, 2008: 3869-3872

[79] CHEN X, XU F, YE Y. Lower bound theory of nonzero entries in solutions of l2-lp minimization [J]. SIAM Journal on Scientific Computing, 2011, 32（5）: 2832-2852.

[80] ZENG J H, SUN Y R, JIANG L. Driver distraction detection and identity recognition in real-time[C]. In Proceedings of Fourth Global Congress on Intelligent Systems, 2010, 3（5）: 43-46.

[81] TRAN M B, MANUBHAI T M. Trajectory learning for activity understanding: Unsupervised, multilevel, and long-term adaptive approach [J]. IEEE Transaction on Pattern Analysis and Machine Intelligence, 2011, 33（11）: 2287-2301.

[82] Avss2007 datasets[Online]. Available. ftp://motinas.elec.qmul.ac.uk/pub/iLids/.

[83] TSUDA K, KIN T, ASAI K. Marginalized kernels for biological sequences [J]. Bioinformatics, 2002, 18 (Supple): S268-275.

[84] CRISTIANINI N, SHAWE-TAYLOR J. An Introduction to Support Vector Machines and other Kernel-based Learning Methods [M]. Cambridge University Press: Cambridge, MA, 2001.